消費税インボイスの実務対応ガイドブック

税理士法人 山田&パートナーズ 編

中央経済社

はじめに

消費税のインボイス制度が始まります。「インボイス」とは，売手が買手に対して，正確な消費税額や適用税率を伝えるために作成する請求書や領収書などの書類であり，インボイス制度は，消費税が複数税率（本則税率10%・軽減税率８%）となったことに伴い導入される制度です。

消費税は，売上げに係る取引において消費税を受領した事業者が申告納税を行う制度であり，その申告にあたっては，仕入れに係る取引において支払った消費税を控除することができる仕組みとなっています。

インボイス制度導入に伴い，この計算方法が大きく変わるわけではありません。制度開始による変更点は次の３点に集約されます。

- 事業者は仕入先から受領したインボイスを保存しなければ消費税の申告において仕入税額控除を適用できない
- インボイスを交付できるのは，適格請求書発行事業者として登録した事業者のみである
- 登録は任意であるが，登録をした事業者は消費税の申告納税義務が生じる（免税事業者となることができない）

この３つの変更点が，実務においてさまざまな影響を引き起こします。

まず，登録事業者については，自己が発行する請求書等のインボイス様式への変更対応や受領するインボイスの確認作業などが生じることになりますので，制度開始前に比べ事務的な負担が増加します。これに加え，一部の事業者にとって特に大きな影響となるのが「免税事業者が課税事業者に対して行う売上取引がある場合」です。詳細は，本書の中で解説しますが，取引を行う双方において，制度前に比べて金銭的な負担が増加する可能性があり，その負担を軽減するためには，取引の相手方の意向の確認や取引条件の見直しが必要となるなど，事業全般に影響を及ぼします。

このような制度の特徴を踏まえると，インボイス制度導入に向けた対応は，経理や申告の実務担当者のみで行えるものではなく，ケースによっては経営層や営業部門なども巻き込んだ対応が必要となります。そのためには，関係当事者が制度の影響を正しく理解し，丁寧に対応を進めていく必要があります。

本書では，インボイス制度導入に伴って直面する実務上のさまざまな課題に対応できるように，制度全般の解説はもちろんのこと，事業者の置かれた立場や状況によって想定される対応方法についてもできる限り実務目線で解説をしています。また，制度の解説に加え，一般的に生じる疑問については，より理解を深められるようにQ&Aを取り入れて解説をしています。制度導入を間近に控え，すでにある程度の事前準備を終えている事業者様におかれましても，制度開始後，当面の間は準備内容の見直しや新たな取引への対応など，想定外のことが生じる可能性がありますので，改めて本書にて制度のポイントや実務対応について整理していただければと思います。本書が多くの方々の実務の手助けとなれば幸いです。

末筆にはなりますが，本書の作成，発刊にあたり多大なご尽力をいただきました中央経済社の末永芳奈氏にこの場をお借りして深く御礼申し上げます。

令和５年７月

税理士法人山田＆パートナーズ
執筆者代表　平井　伸央

目　次

§3

§4

登録手続きに関するQ&A——51

§5

売手の立場からみたインボイス制度——57

§6

§9

電子インボイスへの対応――207

§10

電子インボイスに関するQ&A――217

■凡例

本書で使用している主な略称は以下のとおりです。なお，本書における消費税関連の規定についてはインボイス制度が施行される令和５年10月１日施行日の法令によっています。

略　称	法令名等
消法	消費税法
消令	消費税法施行令
消規	消費税法施行規則
消基通	消費税法基本通達
法法	法人税法
法令	法人税法施行令
法規	法人税法施行規則
法基通	法人税基本通達
所法	所得税法
電子帳簿保存法	電子計算機を使用して作成する国税関係帳簿書類の保存方法等の特例に関する法律
電帳規	電子計算機を使用して作成する国税関係帳簿書類の保存方法等の特例に関する法律施行規則
インボイス通達	消費税の仕入税額控除制度における適格請求書等保存方式に関する取扱通達
インボイスQ&A	消費税の仕入税額控除制度における適格請求書等保存方式に関するQ&A（平成30年６月）（令和５年４月改訂）
財務省インボイスQ&A	インボイス制度の負担軽減措置のよくある質問とその回答　財務省（令和５年３月31日時点）
経理通達	平成元年３月１日付直法２－１「消費税法等の施行に伴う法人税の取扱いについて」（法令解釈通達）

■用語の使用について

本書においては，消費税法に定める以下の用語について解説の便宜上それぞれ次に掲げる用語に置き換えて解説している箇所があります。いずれも同義であるものとして解説をご確認ください。

用　語	置換え後
適格請求書	インボイス
適格簡易請求書	簡易インボイス
適格返還請求書	返還インボイス
適格請求書発行事業者	登録事業者

§1 インボイス制度の全体像

1 消費税の申告納税制度の仕組み

令和５年10月１日から消費税のインボイス制度が始まります。インボイス制度の本質を理解するためには，消費税の申告納税制度の仕組みを理解する必要があります。

消費税は，商品の販売やサービスの提供の対価に上乗せして課され，これらの対価を支払う消費者が負担する税金です。ただし，国への申告・納税につい

図表１－１ “間接税”である消費税の仕組み

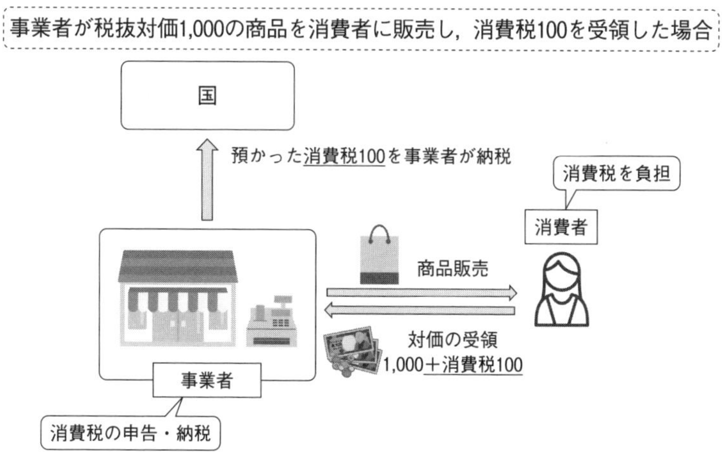

ては消費者が直接行うのではなく，消費税を受領した事業者が行います。このように，実際の税金を負担する者と納税を行う者が異なる税金を「間接税」といいます。

消費税を受領した事業者における消費税の納税額の計算にあたっては，生産，流通などの各取引段階で二重三重に課税されることがないよう，受領した売上げに係る消費税から経費等の支払いの際に負担した消費税を控除することができる仕組みとなっています。これを「仕入税額控除制度」といいます。

図表１－２　消費税の申告計算における仕入税額控除の仕組み

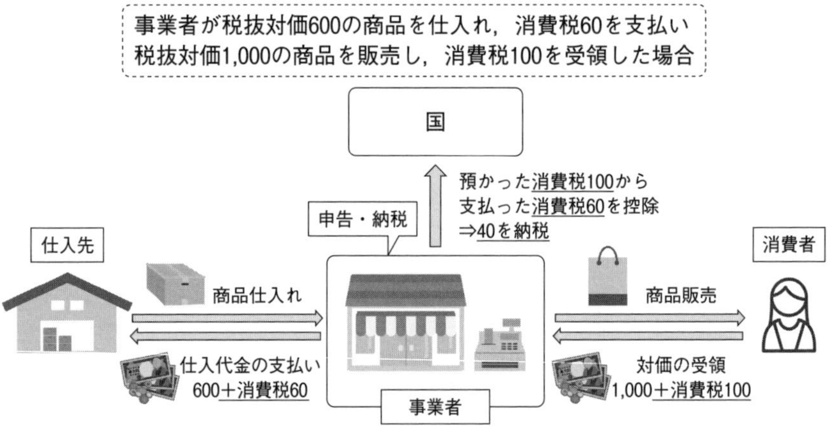

図表１－２の事例の場合における事業者は，消費者から預かった消費税100から仕入先に支払った60を控除して納税額を計算することができます。したがって，納税額は40となります。

事業者にとってみれば仕入税額控除を行うことで消費税の納税額の負担を抑えられますので，とても重要な制度といえます。ただし，仕入税額控除は無条件に認められるわけではなく，原則として，取引の事実を記載した「帳簿」とその事実を証する「請求書等」の保存が必要となります。

図表1－3／仕入税額控除を適用するための要件

仕入税額控除を適用するために「請求書等」と「帳簿」の保存が必要

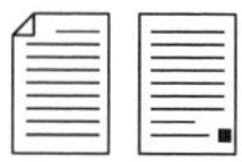

請求書等
（仕入先等から受領）

帳簿
（事業者自身で作成）

区分	具体的な内容
請求書等	請求書，納品書，領収書など
帳簿	総勘定元帳など

- 帳簿の保存のみで認められる取引がある。
- それぞれ記載しなければならない事項が定められている。

以上が，消費税の申告納税制度の仕組みの概要です。

今回新たに導入される消費税のインボイス制度は，これらの仕組みのうち申告納税を行う事業者が仕入税額控除を適用するための要件である「請求書等」の保存に関する制度となります。

2　インボイス制度導入による消費税申告への影響

⑴　「買手」と「売手」の2つの立場

インボイス制度導入による影響は，直接的には事業者における消費税の申告計算に表れますので，制度導入に際して適切に対応するためには，制度導入前後で申告計算にどのような違いが生じるのかを知っておく必要があります。違いを整理するにあたって押さえておきたいことは，消費税に関する取引には「買手」と「売手」の2つの立場があるという点です。本書では全般にわたって「買手」と「売手」の2つの立場に区分してインボイス制度の解説をしていますので，制度の理解を深めるためには，各個別の論点について「買手」の論点なのか，「売手」の論点なのかをしっかりとイメージできることが必要となります。

事業活動においては，通常，消費税の仕入取引（商品等の仕入れ，各種の経費，固定資産の購入などによる支払い）と売上取引（商品等の販売，サービスの提供，資産の貸付けなどによる収入）のいずれの取引も生じます。したがって，事業者は「買手」と「売手」のいずれの立場も持ち合わせることになります。

「買手」の立場とは，仕入取引により取引対価に合わせて消費税相当額を支払う立場であり，インボイス制度において最も重要な要素である「請求書等」の交付を受ける立場です。

これに対して「売手」の立場とは，売上取引により取引対価に合わせて消費税相当額を受領する立場であり，「請求書等」を交付する立場となります。

当たり前のことを書いているようではありますが，実務上さまざまな検討を進める中でいずれの立場の論点なのか混乱しやすい制度となりますので，常に**図表1－4**のような図をイメージしておく必要があります。

図表1－4　商品の仕入れ・販売取引でみる消費税が生じる取引の「2つの立場」

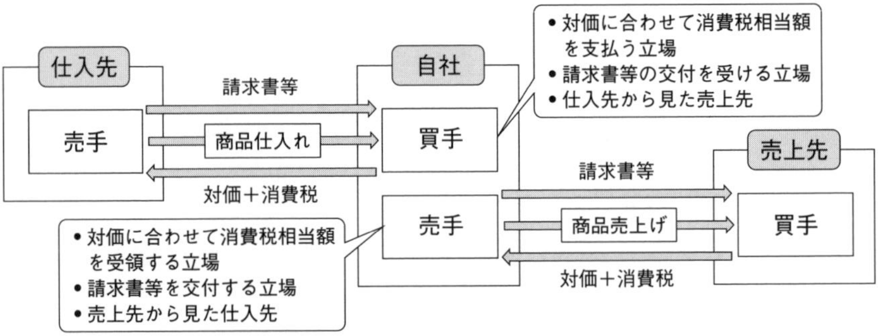

※事業者は，「売手」と「買手」の両方の立場を持ち合わせている

⑵　インボイス制度導入前の申告計算

「商品を仕入れて販売する」という取引を例に消費税の申告計算における具体的な影響を確認します。**図表1－5**における中央の自社（買手）が当事者で

す。自社（買手）は仕入先（売手）から税込8,800で仕入れた商品を税込11,000で販売しています。課税期間中の取引がこの取引のみの場合，買手は売上先より預かった消費税1,000から仕入先（売手）に支払った消費税800を控除して計算した200を国に納税することになります（厳密にはもう少し複雑な計算を伴いますが，ここでは簡便的に解説します）。

前述のとおり，申告納税額の計算にあたり，支払った消費税800を控除することを「仕入税額控除」といいます。

インボイス制度導入前においては，仕入税額控除を適用するためには，取引の相手先から交付を受けた請求書等を保存する必要はあるものの，取引の相手方が誰かについては問われません。また，保存する請求書等には所定の事項が記載されている必要がありますが，売手側に必要事項を記載した請求書等の交付義務はありません。あくまでも買手側に保存義務を課すのみとなっています。そのため，必要な記載事項に不足がある場合には，売手側の確認を受けたうえで，買手側で追記することも認められています。

図表１－５　仕入税額控除の計算と請求書等の保存要件（インボイス制度導入前）

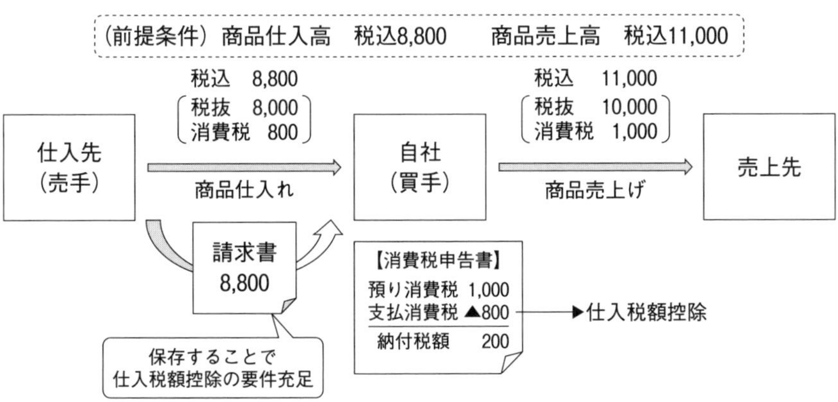

インボイス制度導入前のポイント

【買手側】

仕入税額控除の適用要件である請求書等の保存要件について，その請求書等の発行者（売手）が誰かは問われない。

【売手側】

消費税法の規定において，請求書等の交付義務は課されていない。

⑶ インボイス制度導入後の申告計算

インボイス制度導入後において自社（買手）が仕入税額控除の適用を受けるためには，「適格請求書（インボイス）」の保存が要件となります。「適格請求書（インボイス）」とは適格請求書発行事業者のみが発行できる所定の事項が記載された請求書等であり，適格請求書発行事業者とは，適格請求書を発行できる事業者として国に登録申請を行い，登録を受けた事業者です。

したがって，取引の相手方である仕入先（売手）が適格請求書発行事業者でない場合には，買手は適格請求書（インボイス）の交付を受けることができず，買手の消費税の申告計算にあたり，仕入税額控除が適用できないこととなります。

図表１－５の取引について，仕入先（売手）が適格請求書発行事業者に該当せず，かつ，インボイス制度導入前から取引条件に変更がない場合（対価の総額が8,800の場合）には，**図表１－６**のとおり，自社（買手）の消費税の納税負担が増加することになります。具体的には，預かった消費税1,000から支払った消費税相当額800を控除することができず(注)，そのまま1,000が納税額となります。

（注） 実際には，インボイス制度導入に伴う経過措置の取扱いがあるため，控除できなくなる金額は期間に応じて段階的に縮小していきます（§2. 2「⑸ 免税事業者からの仕入れに係る経過措置」参照)。

ここでポイントとなるのは，売手が適格請求書発行事業者となるための要件

図表1－6　仕入税額控除の計算と請求書等の保存要件（インボイス制度導入後）

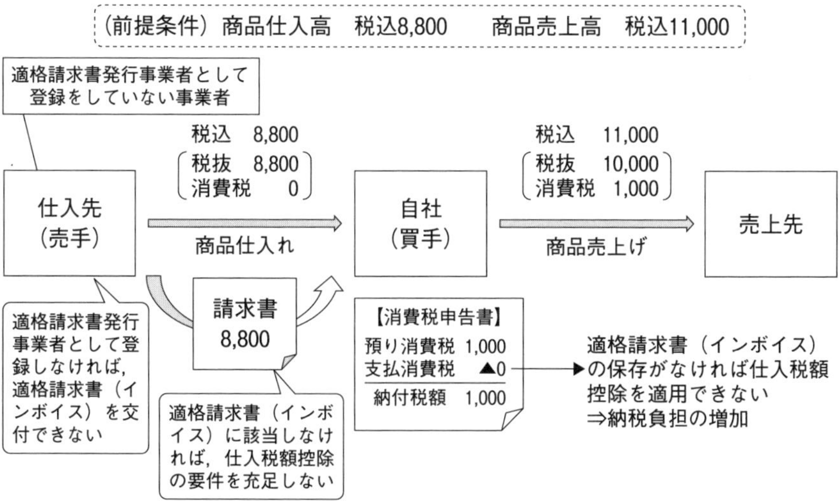

です。適格請求書発行事業者として登録を受けることができる事業者は消費税の課税事業者（消費税の申告納税義務がある事業者）に限られます。したがって，免税事業者（8頁のコラム参照）については，そのままでは登録をすることができません。

適格請求書発行事業者として登録をするためには，原則として，別途，課税事業者となるための手続きを行う必要があります（導入当初については簡便的に登録申請のみで課税事業者となる手続きも用意されています。詳細は§3「6　免税事業者が登録をする場合」参照）。つまり，今まで消費税の申告納税を行う必要がなかった事業者についても，適格請求書発行事業者となる場合には，消費税の申告納税を行う必要が生じます。

ただし，適格請求書発行事業者として登録するかどうかは任意です。あくまでも売手側の判断によります。したがって，買手側からすると自社への不利な影響が生じる可能性がある制度でありながら，仕入税額控除が適用できるかどうかは相手方の選択によらざるを得ないという受け身の立場となります。

インボイス制度導入後のポイント

【買手側】

適格請求書発行事業者が交付した適格請求書（インボイス）を保存しない限り仕入税額控除は適用できない。

【売手側】

- 登録申請をすることで，適格請求書発行事業者になることができる（登録は任意）。
- 適格請求書発行事業者として登録できる事業者は，課税事業者に限られる。

コラム

消費税の納税義務判定について

事業者における消費税の納税義務の判定には，いくつかのルールがあります。主な内容は以下のとおりです。いずれかの判定の結果，消費税の納税義務がある事業者を「課税事業者」といい，すべての判定において納税義務がないと判定される事業者を「免税事業者」といいます。

① 基準期間における課税売上高による判定

その課税期間の基準期間における課税売上高（基準期間が１年でない場合には年換算した金額）が1,000万円以下である事業者については，消費税の納税義務が免除されます。

基準期間とは，個人事業者，法人の区分に応じて**図表１－７**のとおりとなります。

図表１－７ ／ 事業者の区分ごとの基準期間

区分	基準期間
個人事業者	その年の前々年
法人	その事業年度の前々事業年度（前々事業年度が１年未満である場合には，その事業年度開始の日の２年前の日の前日から１年を経過する日までの間に開始した各事業年度を合わせた期間）

②　課税事業者選択届出書の提出による場合

課税事業者選択届出書を提出した事業者については，**図表１－８**に掲げる課税期間以後の課税期間において納税義務が免除されません。

図表１－８　納税義務が免除されないこととなる課税期間

区分	納税義務が免除されないこととなる課税期間
原則	届出書を提出した課税期間の翌課税期間
事業を開始した課税期間に届出書を提出した場合	届出書を提出した課税期間

なお，課税事業者選択届出書の提出により課税事業者となった事業者は，課税事業者選択不適用届出書を提出することで課税事業者の選択を取りやめることができますが，課税事業者の選択後２年間（高額な資産の購入を行うなど一定の要件に該当する場合には３年間）は免税事業者に戻ることができず，課税事業者であることが強制されます。

③　特定期間における課税売上高による判定

その課税期間の特定期間における課税売上高が1,000万円を超える事業者は，納税義務が免除されません。

特定期間とは個人事業者，法人の区分に応じて**図表１－９**のとおりとなります。

図表１－９　事業者の区分ごとの特定期間

区分	特定期間
個人事業者	その年の前年１月１日から６月30日までの期間
法人	その事業年度の前事業年度開始の日以後６か月の期間（前事業年度が７か月以下の場合など短期事業年度に該当する場合には，前々事業年度開始の日以後６か月の期間その他一定の期間）

なお，特定期間の課税売上高による納税義務の判定については，売上高基準に代えてその特定期間中に支払った給与等の額を基礎として判定を行うことができる特例があります。

④　基準期間のない新設法人の判定

新たに設立された法人（１年決算法人を前提）の設立１期目と２期目について，資本金の額または出資金の額が1,000万円以上の場合には，納税義務は免除されません。

⑤　上記以外の判定

①から④に掲げる判定以外にも，相続により事業を引き継いだ事業者の納税義務の判定特例，合併・分割等があった場合における合併法人・分割等の承継法人における納税義務の判定特例及び課税売上高５億円超の法人に50％超支配される法人の納税義務の判定特例などがあります。

⑥　インボイス制度導入後

インボイス制度導入後は，適格請求書発行事業者として登録をすると，上記の判定にかかわらず，消費税の納税義務が生じることになります。

§2 制度導入による影響が大きい事業者

インボイス制度の導入は，直接的には事業者における消費税の申告計算に影響を与えることになりますが，実際の影響はそれだけにとどまりません。売手側が未登録であることにより買手側において仕入税額控除が適用できなくなる場合には，買手側に不利益（納税負担の増加）が生じることになりますので，これを回避するためには，取引の当事者である売手と買手の間で取引条件の見直し等を行う必要が生じます。

取引条件の見直しは，税法の問題ではなく，事業上の問題です。組織の大きな事業者であれば，経理部等の管理部門だけの問題ではなく，営業部や経営層も巻き込んだ対応が必要となります。

インボイス制度導入による事業上の影響については，売手と買手の立場，その事業者の消費税の納税義務の有無に応じて異なりますので，インボイス制度導入に向けた準備を行う際には，自身が受ける影響をしっかりと整理したうえで対応をする必要があります。特に影響が大きいと考えられるのは，「自身が免税事業者（売手），かつ，売上先が課税事業者」と「自身が課税事業者（買手），かつ，仕入先が免税事業者」の場合です。

1 免税事業者である売手への影響（フリーランスなど）

【主な対象者】

以下の事業者のうち消費税の免税事業者

- 個人事業者（フリーランス，一人親方，副業を行うサラリーマンなど）
- 法人化している自営業者
- テナント不動産等の賃貸を行う者　など

(1) フリーランス等が登録をしない場合の影響

免税事業者である売手（以下「フリーランス等」といいます）がインボイス制度導入後も適格請求書発行事業者として登録をせずに引き続き免税事業者を継続する場合において，売上先である取引の相手方の事業者（買手）が消費税の課税事業者であるときは，その相手方において仕入税額控除が適用できないということが生じます。

つまり，継続的な取引を行っている場合において現状の取引条件を変更せずに取引を行うと，相手方において納税負担の増加が生じ，相手方に不利益が生じることになります。

図表２－１　取引の相手先である買手が課税事業者の場合の具体例

個人事業者である免税事業者が課税事業者に対して継続的な役務を税込単価1,100で提供している場合

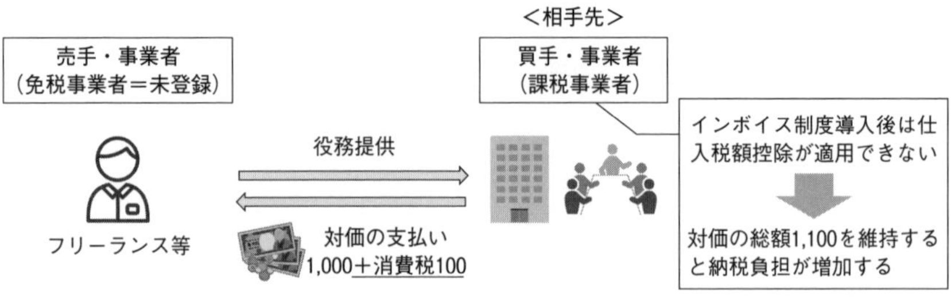

このような場合には，売上先（買手事業者）から以下のような要請を受ける可能性があります。

- 適格請求書発行事業者として登録するように要請を受ける。
- 買手事業者において消費税の負担増となる金額について値引きの要請を受ける。

図表２－２／買手事業者からの要請イメージ

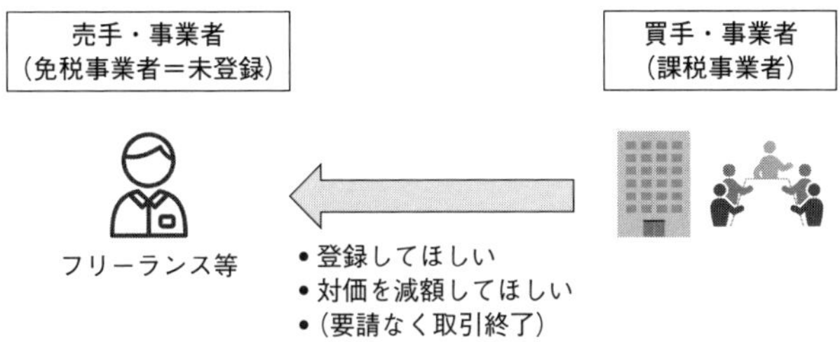

なお，取引上優越した地位にある買手からの一方的な要請により，事実上強制的といえるような減額等を行う行為については，独占禁止法や下請法等により認められていませんので，必ずしも要請に従う必要はありません（§2.2「(3)値下げ等を要請する場合の留意点」参照）。

一方で，適切な交渉により双方納得したうえで行う取引価格の減額はこれらの法令違反とはなりませんので，要請行為自体が問題となることはありません。適正な交渉を行ったうえで，取引条件が合わないとなれば取引が継続しなくなる可能性もありますので，対応については慎重に判断をする必要があります。

また，インボイス制度導入後に新規の取引先との間で取引を開始しようとする場合には，登録の有無に応じて異なる条件提示を受けることも考えられます。今後，新規取引先を開拓して事業拡大を志向していく場合には，スムーズに取引を開始できるようにするため登録することを視野に入れた検討も必要です。

なお，以上の影響が生じるのは，取引の相手先（買手）が課税事業者である場合です。取引の相手先（買手）が一般消費者中心の小売業などの場合には，その相手先（買手）における消費税申告への影響をほとんど考慮する必要がないケースもありますので，相手先の影響に応じて，自身の事業への影響を検討することになります。

図表２－３　／買手が一般消費者中心の場合

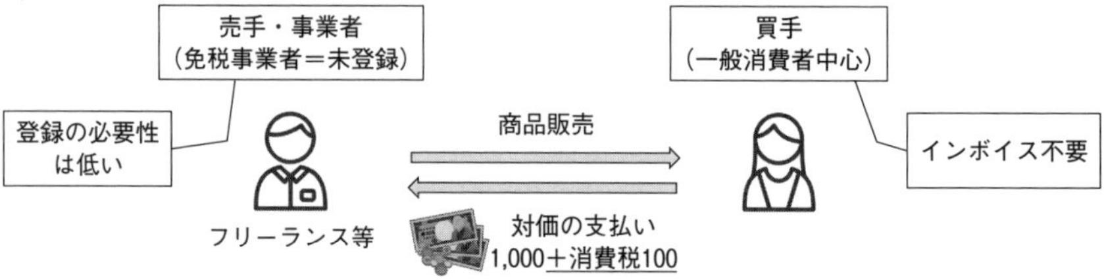

⑵　フリーランス等が登録をする場合の影響

免税事業者が登録をする場合には，課税事業者となる必要があるため，基準期間における課税売上高にかかわらず消費税の納税義務が生じることになります。これに伴い，以下の負担が生じることになります。

【免税事業者が登録をして課税事業者となる場合に生じる新たな負担】

- 消費税の申告に伴う納税負担
- 消費税申告を行うための事務負担
- 請求書等をインボイスの様式に変更することに伴う事務負担

消費税の申告納税額は，原則として，課税売上げに係る消費税から課税仕入れに係る消費税を控除して計算しますので，納税負担がどの程度増加するかについては，その事業者における課税売上高と課税仕入高の状況によることになります。

ただし，控除する課税仕入れに係る消費税については，「実際に支払った消費税」ではなく簡便的な特例計算も認められていますので，納税負担の検証にあたっては，これらの特例計算についても考慮して検証する必要があります。

特例計算には，「簡易課税制度」と「２割特例（令和５年度税制改正により導入された売上げに係る消費税の80％を控除できる経過措置）」の２種類があります。これに原則計算を加えた3パターンを比較して納税負担の検証を行うことになります。

⑶　小規模事業者向けの特例計算（簡易課税・２割特例）

「簡易課税制度」とは仕入税額控除の特例制度であり，基準期間の課税売上高が5,000万円以下の事業者が届出をすることで適用できる制度です。

原則的な仕入税額控除制度が実際の仕入れに係る消費税額を基礎に計算するのに対し，簡易課税制度による仕入税額控除の計算は，売上げに係る消費税に一定のみなし仕入率（40%～90%）を乗じて計算した金額を基礎に計算することになります。つまり，仕入れに係る消費税の集計は不要になります。

同様に，令和５年度税制改正により導入された「２割特例」についても，売上げに係る消費税に80%を乗じて控除額を計算する制度となるため，仕入れに係る消費税の集計は不要となります。それぞれの算式と計算上のポイントを比較すると**図表２－４**のとおりとなります。

図表２－４ ／ 仕入税額控除の計算式の比較

①　原則計算

売上げに係る消費税 － 仕入れ等に係る消費税額（実額） ＝ 納税額

（仕入れ等に係る消費税額（実額）：仕入税額控除）

[原則計算のポイント]

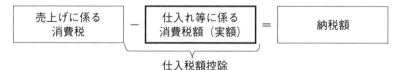

- 仕入れに係る消費税の実額を集計する必要があるため，日々の会計仕訳の段階から区分処理をしておくことが必要となる。
- 必ずしも仕入れに係る消費税の全額を控除できるとは限らず，課税売上高が５億円超となるなど一定要件を満たす場合には，仕入れに係る消費税のうち課税売上げに対応する部分（課税売上割合対応額）のみが控除の対象となる。
- 売上げに係る消費税よりも仕入れに係る消費税のほうが大きい場合には，控除しきれない部分について還付を受けることができる。特に，固定資産の取得など，仕入れに係る消費税が一時的に多額となる場合には，原則計算を行うことが最も有利となるケースがある。

② 簡易課税制度

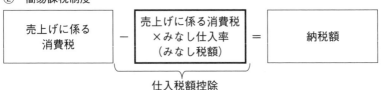

売上げに係る消費税	−	売上げに係る消費税×みなし仕入率（みなし税額）	＝	納税額

（売上げに係る消費税×みなし仕入率（みなし税額）：仕入税額控除）

[簡易課税制度のポイント]

- 基準期間における課税売上高5,000万円以下の事業者が適用できる（原則計算との選択制）。
- 原則として，簡易課税制度を適用しようとする課税期間の開始の日の前日までに簡易課税制度選択届出書の提出が必要となる。
- 仕入れ等に係る消費税の実額計算が不要であるため，事務負担を簡略化できる。
- 仕入れに係る課税取引がほとんど生じない事業については，原則計算よりも大きく有利になる可能性がある。

【みなし仕入率】

事業区分	みなし仕入率	事業内容
第１種事業	90%	卸売業
第２種事業	80%	小売業，農業・林業・漁業（飲食料品の譲渡に係る事業に限る）
第３種事業	70%	農業・林業・漁業（飲食料品の譲渡に係る事業を除く），鉱業，建設業，製造業（製造小売業を含む），電気業，ガス業，熱供給業及び水道業 ※第１種事業，第２種事業及び加工賃等を対価とする役務の提供を除く。
第４種事業	60%	他の事業区分以外の事業 （具体例）飲食店業，加工賃等を対価とする役務の提供
第５種事業	50%	運輸業，金融・保険業・サービス業（飲食店業を除く） ※第１種事業から第３種事業までの事業を除く。
第６種事業	40%	不動産業

③ ２割特例（令和５年度税制改正により導入された売上げの80%を控除できる経過措置）

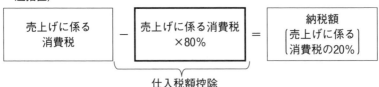

売上げに係る消費税	−	売上げに係る消費税×80%	＝	納税額（売上げに係る消費税の20%）

（売上げに係る消費税×80%：仕入税額控除）

【2割特例のポイント】
- インボイス制度導入後3年間の経過措置である（令和5年10月1日から令和8年9月30日までの日の属する課税期間において適用できる）。
- 適格請求書発行事業者の登録をしなければ課税事業者とならなかった事業者が対象となる（経過措置期間中に基準期間における課税売上高が1,000万円を超える場合等により納税義務が免除されないこととなる事業者については適用できない）。
- 事前の届出は不要であり申告時に原則計算（簡易課税制度を選択している場合には簡易課税制度）との有利・不利を判断できる。

インボイス制度導入前に免税事業者である事業者が，適格請求書発行事業者として登録をすることで消費税の申告納税負担がどの程度となるのかについて把握するためには，以上の3パターンについて比較検討することになります。

具体的な数値を用いて確認をしましょう。

納税負担の事前検討に関する具体例

前提条件

- 消費税の課税売上高（想定額）　　年額9,900千円
- 消費税の課税仕入高（想定額）　　年額2,500千円
- 事業区分　サービス業（みなし仕入率50％）

想定納税額の計算

①　課税売上げに係る消費税　9,900千円×10％÷1.1＝900千円

②　課税仕入れに係る消費税

- 原則計算

  2,500千円×10％÷1.1＝227千円

- 簡易課税

  900千円（①の金額）×50％（サービス業のみなし仕入率）＝450千円

- 2割特例

  900千円（①の金額）×80％（2割特例の控除割合）＝720千円

⇨最も控除額が大きくなる２割特例の適用を想定　∴720千円

③　想定納税額　①－②＝180千円
※解説の便宜上，簡便的な計算式により記載しており実際の申告計算方法と異なります。

具体例のとおり，課税売上高が免税事業者となるラインぎりぎりの1,000万円程度である事業者が登録する場合，２割特例の経過措置を適用すると，当面３年間は納税負担がおおよそ18万円程度となります（卸売業の場合には，簡易課税制度のみなし仕入率90％を適用したほうが有利となり，納税負担がおおよそ９万円程度と低く抑えられます）。

２割特例の経過措置がなくなる３年経過後から簡易課税制度を適用すると，みなし仕入率に応じて，９万円～54万円程度の納税負担となりますので，免税事業者が登録を検討する場合，納税負担は事業内容に応じて最大で54万円程度となります。

⑷　簡易課税・２割特例の選択方法

上記の想定納税額の計算では３パターンを比較して最も有利な額を選択していますが，実際の申告において，簡易課税制度を適用するためには事前に簡易課税制度選択届出書の提出が必要であり，申告のタイミングで，原則計算と簡易課税制度の有利選択を行うことはできません。一方で，２割特例の経過措置は，申告のタイミングで原則計算または簡易課税制度との有利選択を行うことができます。簡易課税制度選択届出書の効力の発生時期は**図表２－５**のとおりです。

図表２－５に記載のとおり，簡易課税制度の適用を受けようとする場合には，原則として，その適用を受けようとする課税期間の開始の日の前日までに届出書を提出する必要があります。

ただし，２割特例の適用を受けた課税期間の翌課税期間中に簡易課税制度選択届出書を提出した場合には，その提出日の属する課税期間から簡易課税制度

図表２－５　簡易課税制度選択届出書の効力

区分	届出書の効力が発生する課税期間
原則	届出書を提出した日の属する課税期間の翌課税期間
事業を開始した課税期間に届出書を提出した場合	届出書を提出した日の属する課税期間
２割特例の適用を受けた課税期間の翌課税期間に届出書を提出した場合	届出書を提出した日の属する課税期間

図表２－６　２割特例の適用を受けた課税期間の翌課税期間に簡易課税制度を適用する場合

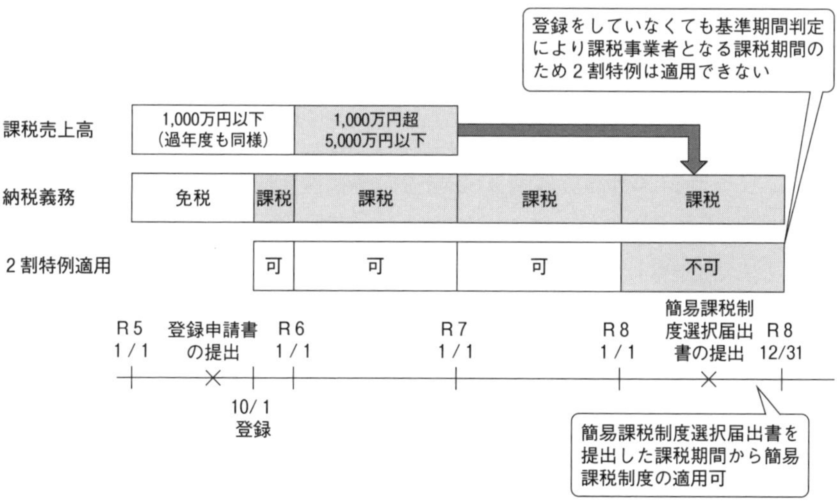

が適用できる特例があります（**図表２－６**参照）。登録後いずれの制度により申告を行うかについて検討をする場合には，届出書の提出期限も考慮して長期的にスケジュールを検討しておく必要があります。

簡易課税制度選択届出書の提出期限と申告時における各制度の選択についてまとめると，**図表２－７**のとおりとなります。

図表2－7 ／ 簡易課税制度選択届出書の提出期限と申告時の制度選択

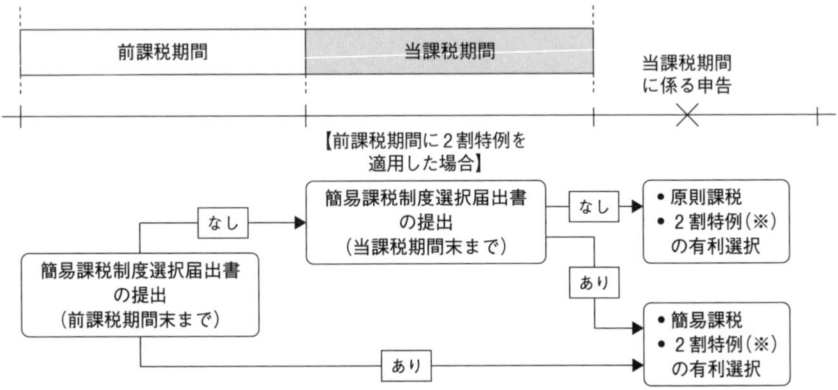

(※) 2割特例が適用できない課税期間
- 当課税期間の基準期間における課税売上高が1千万円を超えること等により，登録をしなかった場合でも納税義務が生じる課税期間（その年に相続があった場合の納税義務の特例が適用される課税期間で相続日以前に登録している場合を除く）
- 調整対象固定資産，高額特定資産の仕入れ等により原則課税が強制される課税期間
- 課税期間の短縮の特例の適用を受ける課税期間
- 令和8年9月30日の属する課税期間の翌課税期間以後の課税期間

⑸ フリーランス等が登録をする場合の事務負担等

フリーランス等が登録をする場合において増加する事務負担については，以下の内容が想定されます。

- 請求書等の様式変更
- 消費税の確定申告の手続き（申告書作成・提出・納付手続き）
- 消費税の申告を行うための課税期間中における必要情報の集計処理

登録事業者は取引の相手方から求められた場合には，インボイスを交付する義務がありますので，交付する請求書等の様式についてインボイスの記載様式に則った変更を行う必要があります。

また，登録事業者は，消費税の課税義務者となりますので，消費税の申告実務が生じます。消費税の簡易課税制度または2割特例の経過措置を適用する場合には，実際に支払った仕入れに係る消費税の集計が必要ありませんので，基本的にはそれほど大きな負担にはならないものと考えますが，確定申告は必要となりますので，少なくとも申告書の作成作業は生じます。

さらに，簡易課税制度を適用する場合において，第1種から第6種の事業区分について，2種類以上の売上げが生じる場合には，事業区分ごとの売上集計が必要となり，申告書作成においても少し複雑な計算を行うことになりますので，専門家のアドバイスを受けるなどの対応が必要となることもあります。この場合には，納税負担のほか，事務手数料が生じる可能性があります。

(6)　フリーランス等における登録の検討

以上のとおり，免税事業者については，登録をする場合と登録をしない場合の影響を比較して，今後の対応を検討することになります。取引には相手方がいますので，相手方との関係性なども考慮し，事業への悪影響が少ないほうを選択することになります。影響をまとめると次のとおりとなります。

■登録しない場合

（既存の取引先との取引への影響）

相手方に消費税の申告納税額への負担が生じる場合には，取引条件の見直しを要求される可能性があり，対応によっては取引が継続しない可能性がある。

（新規の取引先との取引への影響）

取引開始にあたり，登録事業者である他の事業者との間で取引条件の差が生じる可能性があり，新規顧客獲得に支障が出る可能性がある。

■登録する場合

消費税申告による納税負担や事務負担が生じることになる。

登録するかどうかの具体的な検討ポイントについては§5「1　登録するかどうかの検討」もご参照ください。

2 課税事業者である買手への影響（仕入先にフリーランス等が多数あるケース）

【主な対象者】
フリーランス等からの仕入れ等が多数ある課税事業者

買手・課税事業者の立場で特に留意すべきは，仕入先にフリーランス等が多数あるケースです。**1**で確認をした内容について全く反対の立場からその影響を確認することになります。

1の具体例で見たとおり，消費税の課税事業者は，その仕入先（売手）であるフリーランス等が登録を行わなければ，インボイス制度下においては仕入れに係る消費税について仕入税額控除の適用をすることができません。したがって，インボイス制度開始後，未登録のフリーランス等との取引を継続する場合において，インボイス制度前と同じ取引条件で取引を行うと，買手側の事業者の納税負担が増加することになります。

そこで，インボイス制度の導入にあたり，下記の事項を検討する必要があります。

【インボイス制度導入に向けた対応事項】
- 仕入先の登録状況の確認
- 仕入先に登録の意向がない場合の対応方針の検討

(1) 仕入先の登録状況の確認

① 対象先の抽出

まずは，自社の取引先に個人事業主や小規模な仕入先など，消費税の免税事業者と思われる仕入先がどのくらいあるのかについて確認が必要です。想定される仕入先としては以下のような相手先が考えられます。

【想定される仕入先と支払内容】

- 個人事業者（フリーランス・ギグワーカー・建設業等の一人親方）への外注
  ※　例えば，モデル，スポーツ選手，クリエイター，SE，保険外交員，士業，ライター，デザイナー，インストラクター，講師，運送業者，工事等の専門業者など。
- 法人化している自営業者からの仕入れ，外注
- 飲食店における飲食費（交際費，福利厚生費など）
- 希少商品の仕入れ
- 店舗，駐車場の賃借など

これらの取引先を**1**と同様に「フリーランス等」とします。フリーランス等との取引が多く，仕入税額控除が適用できないとした場合の納税負担への影響が大きいと判断される場合には，仕入先であるフリーランス等の登録状況を把握することが重要となります。

仕入先のフリーランス等に登録の意向がない場合における自社の納税負担への影響を回避するためには，当該仕入先と取引条件の交渉等を行う必要がありますが，インボイス制度導入に伴う取引条件の変更交渉は十分な事前準備や慎重な対応が必要となります。

②　登録状況の確認方法

登録状況の確認方法としてまず考えられるのが，国税庁の「適格請求書発行事業者公表サイト」です。交付されるインボイスの記載内容が正しいものかどうかを確認できるように，適格請求書発行事業者として登録した事業者の情報が当該サイトに公表されます。

ただし，本サイトでは，登録事業者の公表情報が検索できるようにはなっていますが，登録時に割り当てられる登録番号を入力して検索を行う仕様となっており，氏名や住所等をもとに検索することができません。

したがって，個人事業者については，本サイトで事前に登録状況を確認することができません（法人については，インボイスの登録番号として法人番号が使用されるため，法人番号をもとに登録情報を確認することができます。§3「5　公表事項の検索」参照）。そのため，個人事業者について登録状況を確認するためには，本人に直接問い合わせを行う必要があります。

本人への事前問い合わせについては，書面で行う方法が考えられます。インボイス制度が開始される令和５年10月１日から登録を受けるための申請期限は令和５年３月31日ですが，実際の運用上は令和５年９月30日までの申請でも問題がないため，制度開始直前まで判断を保留することも考えられます。そこで，まずは現段階での意向を確認し，判断を保留する相手先については，その後，定期的に確認を行う対応になるものと考えます。

なお，判断を保留している事業者に対しては，登録を促す対応も考えられます。特に，判断の保留の主な要因が制度への理解不足であるケースにおいて，取引の関係性が常時元請と下請にある関係など，買手側の事業者が指導的役割を担える場合には，適格請求書発行事業者への登録を積極的に求める対応も考えられます。ただし，この場合には後述する独占禁止法や下請法上問題となる可能性があるため留意が必要です。

⑵　仕入先に登録する意向がない場合の対応

事前確認の結果，明確に登録する意向がないことが確認できた場合には，インボイス制度導入後の取引条件をどのようにしていくかを検討する必要があります。

適格請求書発行事業者とならない仕入先との取引を継続する場合には，①仕入先（売手）と価格交渉をして対価の減額を要請する，②取引条件を変更せず当社（買手）が消費税相当を負担する，といういずれかの対応方法が考えられます。また，③交渉の結果として取引関係を終了するということも考えられます。

図表２－８ ／ 登録する意向がない取引先への対応方針

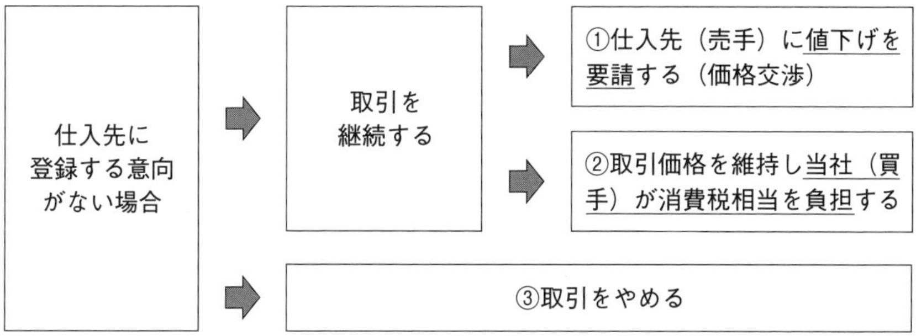
仕入先に
登録する意向
がない場合
取引を
継続する
①仕入先（売手）に値下げを要請する（価格交渉）
②取引価格を維持し当社（買手）が消費税相当を負担する
③取引をやめる

①　仕入先（売手）に値下げを要請する（価格交渉）

この場合，当社（買手）において仕入税額控除が制限されることについて相手方に値下げを要請することとなりますが，当社（買手）の都合のみで一方的に取引価格の引下げを要求したものと認定された場合は，後述する独占禁止法または下請法の問題となる可能性があります。

したがって，例えば，要求する値下げ幅について，免税事業者の仕入れや諸経費の支払いに係る消費税の負担も考慮して，双方納得のうえで取引価格の設定をすれば問題ありませんが，当社（買手）側の不利益分（仕入税額控除が適用できなくなる分）の全額について値引きを要請し，それが取引上優越した地位にある事業者によって行われる場合には，問題となる可能性があります。

②　取引価格を維持し当社（買手）が消費税相当を負担する

この場合は，取引価格の改定を行わず，当社（買手）において仕入税額控除が制限される分の負担を負うことになります。価格設定の方法としては，一番手間のかからない方法であり，もともと相場より低い金額で取引を継続できているような場合には，あえて価格交渉を行わない（仕入税額控除が制限される分の負担を受け入れる）という選択肢も考えられます。

また，免税事業者から購入する商品等の代替が困難であるケースや，過去の消費税の増税時に消費税相当の金額の増額を行っていないケース（消費税転嫁対策特別措置法(注)の観点からは本来問題であったケース）では，そもそも当社（買手）が消費税相当分の値下げを要求することが容易ではないため，やむを得ず取引価格を維持することも考えられます。

（注） 消費税転嫁対策特別措置法
消費税の円滑かつ適正な転嫁の確保のための消費税の転嫁を阻害する行為の是正等に関する特別措置法。平成25年6月5日成立。同年10月1日施行。消費税率の引上げに伴い中小事業者等を中心に消費税の価格への転嫁について懸念が示されていたことを背景に，これらの中小事業者等が消費税を価格へ転嫁しやすい環境を整備していくことを目的として制定されました。具体的には，消費税の転嫁拒否等の行為について禁止事項を定め，公正取引委員会等による検査，指導等が行われました。
同法は令和3年3月31日をもって失効していますが，失効後も引き続き消費税の転嫁拒否等の行為に関しては独占禁止法や下請法の問題となることが公正取引委員会より示されています。

③ 取引をやめる

最後に，免税事業者から購入する商品等に代替性があり，同一の価格で他の適格請求書発行事業者と取引を行えるような場合には，その免税事業者との取引をやめるという選択も考えられます。しかし，適格請求書発行事業者とならないことを理由として，取引をただちに停止するなどの行為を行った場合には，①のケースと同様に独占禁止法または下請法上問題となるおそれがあるため注意が必要です。

(3) 値下げ等を要請する場合の留意点

① 独占禁止法における「優越的地位の濫用」

インボイス制度導入に伴い，取引先との間で取引条件の変更を要請する場合には，独占禁止法（私的独占の禁止及び公正取引の確保に関する法律）における「優越的地位の濫用」や下請法違反に留意する可能性があります。

優越的地位とは，『「優越的地位の濫用に関する独占禁止法上の考え方」ガイドブック（公正取引委員会)』によれば，売手事業者にとって買手事業者との取引の継続が困難になることが事業経営上大きな支障を来すため，買手事業者が著しく不利益な要請等を行っても，売手事業者が受け入れざるを得ない場合における買手事業者側の立場をいいます。このような地位を利用して，取引の相手方（下請先である免税事業者等）に対し，正常な商習慣に照らして不当に不利益を与えた場合に，「優越的地位の濫用」として規制の対象となるとされています（独占禁止法２⑨五）。

インボイス制度導入にあたり，買手事業者から仕入先である免税事業者に対し，登録事業者となるよう積極的に要請することも考えられますが，要請に応じなければ取引価格の引下げや取引を停止することを示唆し実質的に登録することを強制する案内をした場合には，優越的地位の濫用と認定される可能性があります。また，仕入先である免税事業者が登録をしない場合において，買手事業者の都合で著しく低い価格を設定し，交渉も形式的に行うのみで，免税事業者が今後の取引に与える影響を懸念してそれを受け入れざるを得ない場合においても優越的地位の濫用と認定される可能性があります。

優越的地位の濫用と認定されてしまった場合，違反行為を行った買手事業者は公正取引委員会より注意勧告を受けるほか，排除措置命令や課徴金命令を受け会社名等が公表されることがあります。

②　下請法における違反行為

下請法（下請代金支払遅延等防止法）は，独占禁止法を補完する法律として，下請事業者に対する親事業者の不当な取扱いについて，違反行為となる取引を具体的に示し規制するものです。

独占禁止法では，買手事業者と下請事業者間における取引関係を総合的に勘案し，下請事業者にとって著しく不当な取引が生じていないかを個別的に判断するのに対し，下請法は，規制の対象となる取引内容について具体的に定め，形式的に判断する点に違いがあります。下請法に違反した場合，公正取引委員会から違反行為を取り止めるよう勧告されることに加え，企業名，違反事実の概要等が公表されることとなります。

下請法の対象となる取引は，1．取引当事者の資本金規模と2．取引の内容に基づいて定められており，このうち，下記の禁止行為に該当するものが規制の対象となります。

【例】 親事業者の禁止行為（下請法4）

① 受領拒否
② 下請代金の支払遅延
③ 下請代金の減額
④ 不当返品
⑤ 買いたたき（通常より低い単価で下請代金を定めること）
⑥ 物の購入強制・役務の利用強制
⑦ 報復措置
⑧ 有償支給原材料等の対価の早期決済
⑨ 割引困難な手形の交付
⑩ 不当な経済上の利益の提供要請
⑪ 不当な給付内容の変更，やり直し

インボイス制度導入に伴う免税事業者との取引価格の改定にあたっては，特に③下請代金の減額と⑤買いたたきについて配慮する必要があると考えられます。

「下請代金の減額」や「買いたたき」の例として，『下請代金支払遅延等防止法ガイドブック（公正取引委員会・中小企業庁)』によれば，「単価の引下げ要求に応じない下請事業者に対して，あらかじめ定められた下請代金から一定の割合または一定額を減額すること」，「消費税・地方消費税相当分を支払わないこと」，「一方的に通常の対価より低い単価で下請代金の額を定めること」等が挙げられています。

買手事業者が，登録事業者とならない免税事業者である下請先に対し，インボイスが発行できないことを理由に，消費税相当額を一方的に支払わない等の措置を取ることは，例示のとおり下請法の禁止行為に該当すると考えられます。

③　インボイス制度において問題となる行為

独占禁止法及び下請法の内容を踏まえ，公正取引委員会の「免税事業者及びその取引先のインボイス制度への対応に関するQ&A」では，インボイス制度において独占禁止法及び下請法上問題となる行為について例示しており，そのうち３点を抜粋して紹介します。

Q７　仕入先である免税事業者との取引について，インボイス制度の実施を契機として取引条件を見直すことを検討していますが，独占禁止法などの上ではどのような行為が問題となりますか。

A　…（中略）…

自己の取引上の地位が相手方に優越している一方の当事者が，取引の相手方に対し，その地位を利用して，正常な商慣習に照らして不当に不利益を与えることは，優越的地位の濫用として，独占禁止法上問題となるおそれがあります。

仕入先である免税事業者との取引について，インボイス制度の実施を契機として取引条件を見直すことそれ自体が，直ちに問題となるものではありませんが，見直しに当たっては，「優越的地位の濫用」に該当する行為を行わないよう注意が必要です。

以下では，インボイス制度の実施を契機として，免税事業者と取引を行う事業者がその取引条件を見直す場合に，優越的地位の濫用として問題となるおそれがある行為であるかについて，行為類型ごとにその考え方を示します。

…（中略）…

１　取引対価の引下げ

取引上優越した地位にある事業者（買手）が，インボイス制度の実施後の免税事業者との取引において，仕入税額控除ができないことを理由に，免税事業者に対して取引価格の引下げを要請し，取引価格の再交渉において，仕入税額控除が制限される分について，免税事業者の仕入れや諸経費の支払いに係る消費税の負担をも考慮した上で，双方納得の上で取引価格を設定すれば，結果的に取引価格が引き下げられたとしても，独占禁止法上問題となるものではありません。

しかし，再交渉が形式的なものにすぎず，仕入側の事業者（買手）の都合のみで著しく低い価格を設定し，免税事業者が負担していた消費税額も払えないような価格を設定した場合であって，免税事業者が今後の取引に与える影響等を懸念してそれを受け入れざるを得ない場合には，優越的地位の濫用として，独占禁止法上問題となり得ます。

また，取引上優越した地位にある事業者（買手）からの要請に応じて仕入先が免税事業者から課税事業者となった場合であって，その際，仕入先が納税義務を負うこととなる消費税分を勘案した取引価格の交渉が形式的なものにすぎず，著しく低い取引価格を設定した場合についても同様です。

…（中略）…

5　取引の停止

事業者がどの事業者と取引するかは基本的に自由ですが，例えば，取引上の地位が相手方に優越している事業者（買手）が，インボイス制度の実施を契機として，免税事業者である仕入先に対して，一方的に，免税事業者が負担していた消費税額も払えないような価格など著しく低い取引価格を設定し，不当に不利益を与えることとなる場合であって，これに応じない相手方との取引を停止した場合には，独占禁止法上問題となるおそれがあります。

6　登録事業者となるような慫慂（しょうよう）等

課税事業者が，インボイスに対応するために，取引先の免税事業者に対し，課税事業者になるよう要請することがあります。このような要請を行うこと自体は，独占禁止法上問題となるものではありません。
　しかし，課税事業者になるよう要請することにとどまらず，課税事業者にならなければ，取引価格を引き下げるとか，それにも応じなければ取引を打ち切ることにするなどと一方的に通告することは，独占禁止法上又は下請法上，問題となるおそれがあります。例えば，免税事業者が取引価格の維持を求めたにもかかわらず，取引価格を引き下げる理由を書面，電子メール等で免税事業者に回答することなく，取引価格を引き下げる場合は，これに該当します。また，免税事業者が，当該要請に応じて課税事業者となるに際し，例えば，消費税の適正な転嫁分の取引価格への反映の必要性について，価格の交渉の場において明示的に協議することなく，従来どおりに取引価格を据え置く場合についても同様です（上記１，５等参照）。
　したがって，取引先の免税事業者との間で，取引価格等について再交渉する場合には，免税事業者と十分に協議を行っていただき，仕入側の事業者の都合のみで低い価格を設定する等しないよう，注意する必要があります。

　上記Q&Aで示されるとおり，取引関係上，優位な立場にある買手事業者が免税事業者に対し，自己の都合を理由に一方的な要求を迫ることは禁止されており，罰則の対象となった場合は企業名を公表されるなどのおそれがあるため，インボイス制度導入前後における免税事業者との取引については双方の負担について十分に検討を行い，取引価格について納得したうえで行う必要があります。

⑷　仕入先へのアプローチ方法の検討

　仕入先の登録状況の確認，及び確認後の登録の意向がない場合への対応のいずれにおいても，相手方にどのようにアプローチするかが課題となります。具体的には，以下のような状況が想定されますので，経理部などの特定の部署が現場の状況をよく確認せずに対応するなど，一方的な対応にならないように留意する必要があります。

【仕入先への問い合わせにあたっての留意点】

- 相手方のフリーランス等において，インボイス制度への理解が進んでいるとは限らず，意図した回答が得られないことや適切な価格交渉を行えない可能性がある。
- 相手方との窓口となる自社担当者が，取引価格や契約の見直しにおける交渉上の論点を整理できておらず，適切なやり取りができない。
- 相手方へ送る案内の内容が説明不十分となってしまい，取引先から意図しない問い合わせが殺到してしまう。

フリーランス等とのやり取りが相当数となる場合には，一事業者ごとに丁寧な対応をすることができないため，確認状や交渉時の説明文章などをしっかりと作りこんで交渉を行う必要があります。また，必要に応じて取引先との窓口となる自社担当者への説明会なども行うとよいでしょう。

(5) 免税事業者からの仕入れに係る経過措置

上述のとおり，インボイス制度導入後は免税事業者または登録事業者でない課税事業者からの仕入れについては，インボイスの交付が受けられないため仕入税額控除を行うことができません。

しかし，令和11年9月30日までの6年間に限り，適格請求書発行事業者以外の者からの課税仕入れであっても，段階的に一定割合の仕入税額控除を認める経過措置が設けられています。

図表２－９　／仕入税額控除の制限に関する経過措置

期　　間	割　　合
令和５年10月１日から令和８年９月30日まで	消費税相当額×80％
令和８年10月１日から令和11年９月30日まで	消費税相当額×50％

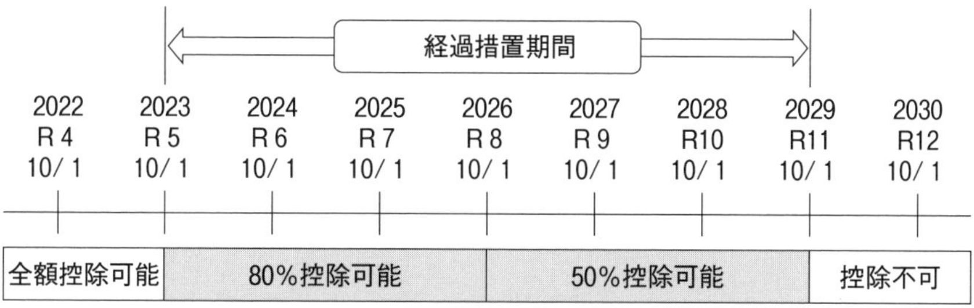

（例）　令和６年中に適格請求書発行事業者以外の者に外注費110,000円を支払った場合
⇨インボイス制度開始前において仕入税額控除の対象となる10,000円に対して80％を乗じた8,000円が控除可能。

§3 登録の手続き

1 登録申請と通知

事業者が消費税の課税取引においてインボイスを交付できるようになるためには，納税地の所轄税務署長に対して登録申請書を提出し，適格請求書発行事業者として登録を受ける必要があります。登録申請書は紙の書面によるほか，e-Taxによる方法も可能です。税務署長は申請書の提出を受けた場合には遅滞なく内容を審査し，一定の事実(注)があることにより登録を拒否する場合を除いて，登録をしなければならないとされています。登録が完了した事業者には登録番号が付され，当該番号とともに登録の事実が通知されます。

（注） 登録を拒否できる場合
国内事業者については，当該事業者が，消費税法に違反して罰金以上の刑に処せられ，その執行を終わり，または執行を受けることがなくなった日から２年を経過しない者である場合には，登録を拒否できます（国外事業者の取扱いについては，「７ 国外事業者が登録する場合」を参照)。

2 登録番号

登録番号は，アルファベットのTと13桁の数字で構成されます。法人については，13桁の数字は法人番号(注)と同じ番号になりますが，個人事業者はマイナンバーとは異なる任意の数字が割り当てられることになります。登録番号は，交付するインボイスに記載する必要があります。

図表３－１　事業者の区分と登録番号

事業者の区分	登録番号
個人事業者	T＋13桁の数字
法人	T＋法人番号

（注）　法人番号
　行政手続きにおける特定の個人を識別するための番号の利用等に関する法律39条に基づき，特定の法人その他の団体を識別するための番号として国税庁長官により指定されるものをいいます。

3　登録スケジュール

⑴　令和５年10月１日から登録をする場合

　インボイス制度が開始する令和５年10月１日から登録を受けるためには，原則として令和５年３月31日までに納税地の所轄税務署長に申請書を提出する必要があります。

　ただし，同日までに申請書を提出することができなかったことにつき困難な事情がある場合において，令和５年９月30日までの間に申請書に困難な事情を記載して提出し登録を受けたときは，令和５年10月１日に登録を受けたこととみなされます。

　また，本措置については，令和５年度税制改正により，登録申請書に記載する困難な事情については，運用上記載がなくても改めて求めないこととされ，実質的には申請期限にこだわる必要はなく，取引先の意向も確認しながら制度開始直前まで検討することが可能な状況にあります。

(2) 令和５年10月２日以後から登録をする場合

インボイス制度開始後において，課税事業者が登録申請書を提出し，登録を受けた場合には，その登録日（適格請求書発行事業者登録簿に登載された日）から登録の効力が生じます。つまり，課税期間の中途であっても随時登録をすることができ，登録日以後は相手方の求めに応じてインボイスの交付義務が生じます（免税事業者については「6　免税事業者が登録をする場合」を参照)。

4 登録情報の公表

交付を受けたインボイスに記載された登録番号が正しいものかどうかを確認できるように，インターネット上の「適格請求書発行事業者公表サイト」において適格請求書発行事業者の情報が公表されています。法定の公表事項は次のとおりです。

【法定の公表事項】

① 氏名又は名称
② （法人の場合）本店又は主たる事務所の所在地
③ 登録番号
④ 登録年月日
⑤ 取消・失効年月日

なお，個人事業者の場合に必ず公表される事項は，①氏名，③登録番号，④登録年月日，⑤取消・失効年月日であり，次の事項については希望をすれば公表することができます。

【個人事業者における任意の公表事項】

- 主たる屋号
- 主たる事務所等の所在地
- （外国人の場合）通称

• 旧姓

希望すれば公表される事項については，登録申請書とは別に「適格請求書発行事業者の公表事項の公表（変更）申出書」を提出する必要があります。登録申請書の段階で，屋号等を書くことがないように留意が必要です。

通称または旧姓での公表は，通称または旧姓が住民票に併記されている場合に限られ，申出書に併記されていることがわかる住民票の添付が必要となります（e-Taxによって提出する場合は添付を省略することができます）。通称または旧姓での公表にあたっては，「氏名に代えて公表する方法」と「氏名と併記して公表する方法」を選択することができます。

5 公表事項の検索

「適格請求書発行事業者公表サイト」では13桁の登録番号を入力することで適格請求書発行事業者の公表事項を検索することができます。一方で，登録番号以外の情報を基に登録番号を検索することはできません。法人の登録番号は「T＋法人番号」であり，法人番号は，「法人番号公表サイト」において名称や所在地から検索することができますので，相手先が法人の場合には，登録番号を取得することなく登録状況を確認することができます。これに対して，個人については任意の番号が付されますので，相手方から番号を取得しない限りは登録されているかどうかの確認を行うことができません。

なお，本サイトにおいては公表情報をCSV等のデータでダウンロードすることも可能となっています。データは「全件データファイル」と「差分データファイル」があり，全件データファイルは，毎月１回，前月末時点のデータが公開されます。差分データは日次で作成され，原則として作成日の翌日に公開されます。差分データは過去40日分のダウンロードが可能とされています。

これらのデータファイルは個人においても公開されていますが，公開されている情報は登録番号と登録年月日のみであり，氏名等の情報は含まれていません（公開当初は氏名等を含めて公表されていましたが，令和４年９月26日以降削除されています）。したがって，データファイルからも特定の個人の登録状況を検索することができませんので，事前に登録されているかどうかを確認する場合には，本人に問い合わせを行う以外に方法はありません。

6　免税事業者が登録をする場合

(1)　制度開始と同時に登録する場合

適格請求書発行事業者は課税事業者である必要があるため，免税事業者（基準期間の課税売上高が1,000万円以下等である事業者）の場合には，原則として，課税事業者選択届出書を提出し，課税事業者となることを前提に登録申請をする必要があります。

ただし，経過措置（平成28年消法附則44④）の適用により，インボイス制度が開始する令和５年10月１日から適格請求書発行事業者の登録を受けようとする場合には，免税事業者であっても課税事業者選択届出書の提出を行うことなく登録申請書の提出のみで登録を受けることができる措置が設けられています。

この経過措置の適用を受けた場合には，登録を受けた日から課税事業者となり，令和５年10月１日以後の取引において消費税の申告が必要となります（**図表３－２**参照）。具体的な手続きとしては，登録申請書の次葉の「免税事業者の確認」という欄に当該経過措置の適用を受けるかどうかの選択欄があり，チェックボックスに✓印を付すことで適用可能となります。申請書の様式は，右側に「この申請書は，令和三年十月一日から令和五年九月三十日までの間に提出する場合に使用します。」と記載されたものを使用します。

なお，令和５年10月１日前から課税事業者選択届出書を提出したことにより免税事業者とならない事業者（基準期間における課税売上高が1,000万円以下でありながら，課税事業者選択届出書の効力により課税事業者となる事業者）については，令和５年度税制改正で導入された「２割特例」が適用されませんが，令和５年10月１日の属する課税期間中に課税事業者選択不適用届出書を提

図表３－２　／免税事業者が制度開始と同時に登録をする場合の納税義務（個人事業者または12月決算法人）

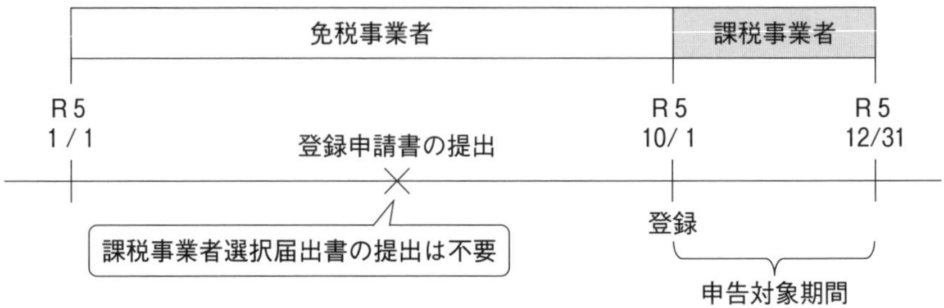

図表３－３　／　２割特例の適用可否（個人事業者または12月決算法人の場合）

【課税事業者選択届出書を提出している場合】

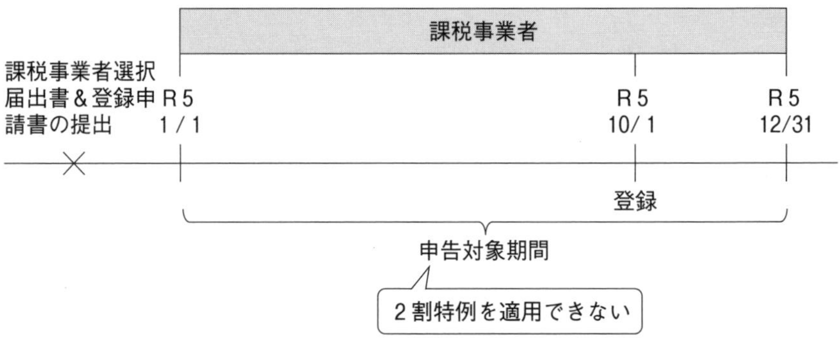

【課税事業者選択届出書の提出後に課税事業者選択不適用届出書を提出した場合】

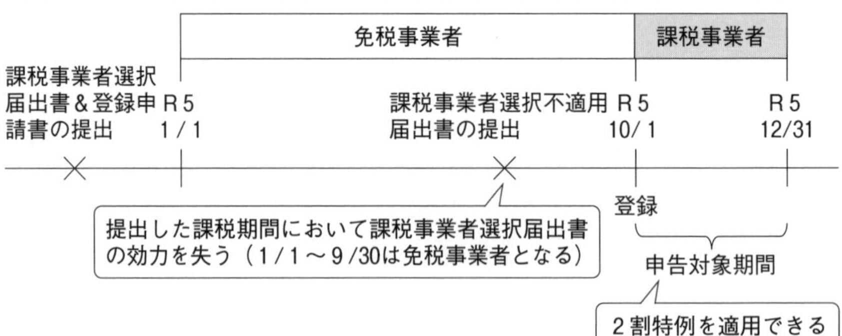

出したときは，その届出書を提出した日の属する課税期間から課税事業者選択届出書の効力が失効する取扱いが設けられています（**図表3－3**参照）。

この取扱いの適用を受けた場合には，令和5年10月1日の属する課税期間の初日から令和5年9月30日までの期間については免税事業者となり，令和5年10月1日からその課税期間の末日までを課税事業者とし，その課税事業者の期間中について「2割特例」を適用することができます。

⑵　制度開始後に登録をする場合

インボイス制度開始後に免税事業者が登録をする場合には，原則として課税事業者選択届出書を提出し，課税事業者となったうえで登録を受ける必要があります。課税事業者選択届出書の効力は，その提出をした日の属する課税期間の翌課税期間から生じることになりますので，免税事業者が行う登録の効力は，原則として，その事業者の課税期間の初日から生じることとなります。

ただし，登録に関する経過措置の適用により，免税事業者についても，インボイス制度開始後6年間（令和11年9月30日まで）は，任意のタイミングで登録事業者となることができます。

課税期間の中途で登録をしようとする免税事業者は，登録申請書にその提出日から15日を経過する日以後の日を登録希望日として記載して提出を行います。この場合において，課税事業者選択届出書を提出する必要はありません。

登録希望日後に登録がされたときは，申請書に記載した登録希望日に登録を受けたものとみなされ，登録日から課税事業者となります。

この措置により，免税事業者については，制度開始後においても取引先の意向や取引状況を確認しながら，必要と判断した時点で柔軟に登録を行うことができるようになります。

なお，免税事業者が課税期間の中途で登録をした場合には，その登録日から課税期間の末日までの課税資産の譲渡等について申告を行えばよいこととされます（**図表3－4**参照）。

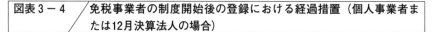

図表３－４　免税事業者の制度開始後の登録における経過措置（個人事業者または12月決算法人の場合）

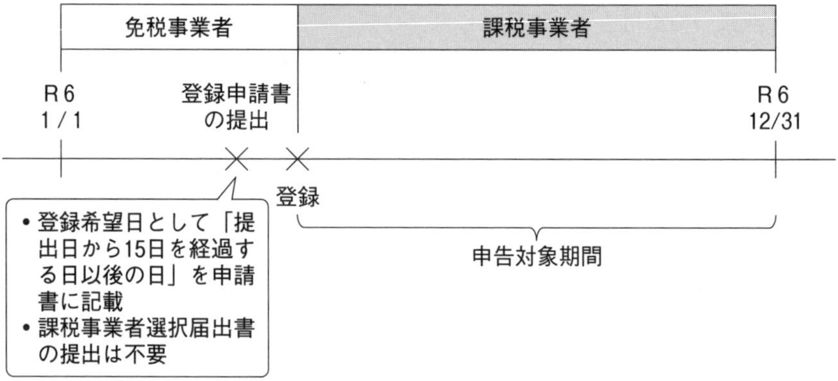

免税事業者が，この経過措置の適用を受けない課税期間に登録を受ける場合については，原則どおり，課税事業者選択届出書を提出し課税事業者となる必要があります。この場合においては，その登録を受けようとする課税期間の初日から起算して15日前の日までに登録申請書を提出しなければならないこととされています（**図表３－５**参照）。

図表３－５　経過措置終了後における免税事業者の登録手続き

①　個人事業者または12月決算法人が５月に登録申請書を提出した場合

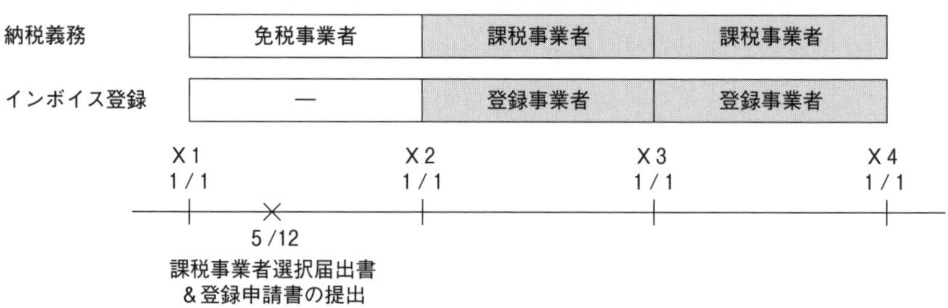

②　個人事業者または12月決算法人が12/20に登録申請書を提出した場合

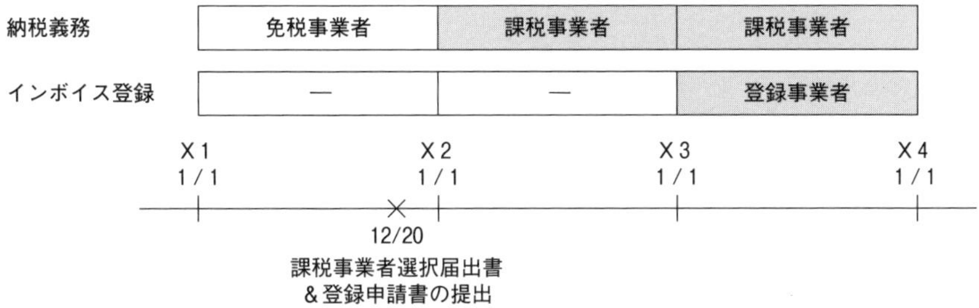

X2年1月1日から起算して15日前を経過後に登録申請書を提出した場合には，登録の効力は，X2年1月1日からではなく，X3年1月1日から生じる。

7 国外事業者が登録する場合

国外事業者（非居住者である個人事業者及び外国法人）が，国内において課税資産の譲渡等を行った場合において，基準期間における課税売上高が1,000万円を超えるなど納税義務判定の要件を満たすときは，消費税の納税義務が生じます。また，居住者である個人事業者や内国法人と同様に，適格請求書発行事業者として登録をしなければインボイスを交付することができません。

事業者が適格請求書発行事業者として登録申請を行う場合において一定の事実があるときは，税務署長は登録を拒否することができる取扱いがありますが，国外事業者は，拒否事由が国内事業者に比べて多く定められているため，国内事業者とは異なる申請書様式により登録手続きを行う必要があります。国外事業者について，税務署長が登録を拒否できるケースは**図表3－6**のフローチャートによる判定のとおりです。

なお，消費者向け電気通信利用役務の提供を行う国外事業者について，登録国外事業者に該当する場合には，登録申請を行わなくても自動的に適格請求書発行事業者の登録を受けたものとみなす取扱いがあります（「§6　売手の立場からみたインボイスQ&A」Q15参照）。

図表３－６　／国外事業者について登録が拒否されるケース

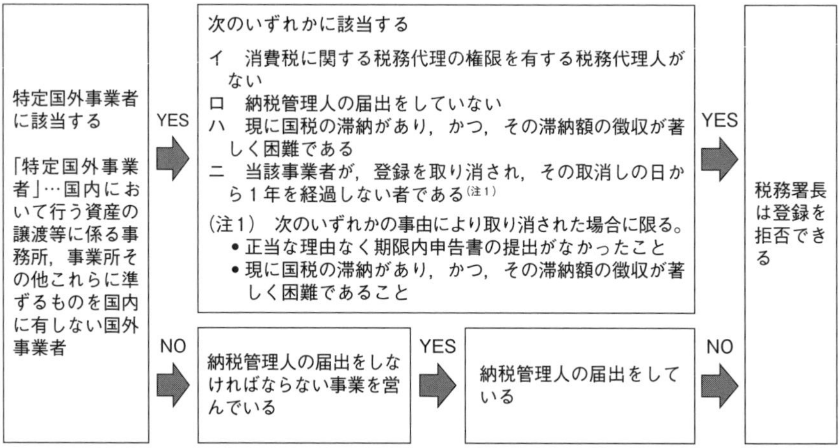

（注２）　上記のフローチャートにかかわらず，消費税法の規定に違反して罰金以上の刑に処せられ，その執行を終わり，または執行を受けることがなくなった日から２年を経過しない者については，すべての事業者について，税務署長は登録を拒否できる。

8　新たに事業を開始した者が登録する場合

事業者が次の課税期間の初日から登録を受けようとする旨を記載した申請書をその課税期間の末日までに提出し，登録を受けた場合には，その課税期間の初日から登録を受けたものとみなされます。

図表３－７　／事業者の区分と課税期間

事業者の区分	課税期間
個人事業者	事業を開始した日の属する課税期間（注）
法人	設立の日の属する課税期間
	合併（新設合併を除く）により登録事業者である被合併法人の事業を承継した場合における当該合併があった日の属する課税期間
	吸収分割により登録事業者である分割法人の事業を承継した場合における当該吸収分割があった日の属する課税期間

（注）　相続により登録事業者の事業を承継した相続人について，みなし登録（下記**9**参照）の規定の適用を受ける場合を除く。

なお，法人が組織再編成を行った場合に登録事業者の登録の効力や登録番号を引き継ぐような取扱いはありません。

例えば，登録事業者である法人が，新設分割により分割承継法人に事業を移転した場合においても，分割法人における登録事業者としての登録の効力や登録番号は分割承継法人には引き継がれませんので，分割承継法人において新たに登録を行わないとインボイスの交付を行うことができません。

図表3－7のとおり，新設分割の場合には，その設立の日の属する課税期間（事業年度）の末日までに登録申請書を提出し，登録がされた場合には，当該課税期間の初日において登録を受けたものとみなされます。言い換えると，初年度の末日までの申請書の提出を失念すると，未登録の事業者となりインボイスの交付ができないことになります。

インボイスを交付していた事業を移転していた場合には，取引先への影響が大きいことも考えられますので，インボイス制度開始後の実務においては，十分に留意する必要があります。

9　相続により事業を承継した者が登録する場合

登録事業者である個人事業者に相続があった場合には，被相続人における登録事業者としての登録の効力や登録番号は相続人に引き継がれません。したがって，相続により事業を承継した相続人が登録事業者でない場合には，新たに登録を行わないと相続人としてのインボイスの交付を行うことはできません。

ただし，相続があった場合には，次の期間については事業を承継した相続人を登録事業者とみなす措置が設けられており，この場合，被相続人の登録番号を当該相続人の登録番号とみなすこととされています。

【相続人を登録事業者とみなす期間】

相続のあった日の翌日から次のいずれか早い日までの期間

- 相続人が適格請求書発行事業者の登録を受けた日の前日

・登録事業者である被相続人が死亡した日の翌日から4月を経過する日

したがって，相続後，ただちにインボイスを交付できなくなるわけではありませんが，登録の猶予は死亡日の翌日から4か月であるため，事業を承継した相続人がこの間に登録をしなければインボイスの交付はできないことになります。

また，相続人が複数人いる場合において，4か月経過時点で遺産分割が済んでいない場合や不動産事業における対象物件が共有で相続された場合には，その複数の相続人のうちインボイスを交付できるのは登録事業者として登録手続きをした相続人のみとなり，この場合にインボイスに記載できる金額は，その登録事業者である相続人の持分相当分のみとなります。

なお，相続発生後，最長4か月の間について事業を承継した相続人を登録事業者とみなす措置は，インボイス制度が導入される令和5年10月1日以後に相続が発生した場合の取扱いとなります。

令和5年9月30日以前に相続が発生した場合には，被相続人はその時点では登録が未了であるため，相続発生後4か月以内にインボイス制度が始まったとしても，被相続人が通知を受けていた番号を交付することはできません。

インボイス制度導入前に登録申請を行い，登録番号の通知を受けていたとしても，登録日は令和5年10月1日となるためです。相続人がインボイス制度導入開始とともにインボイスを交付するためには，令和5年9月30日までに登録申請書を提出し，登録を受ける必要があります。

10 登録事項の変更を行う場合

適格請求書発行事業者は適格請求書発行事業者登録簿に登載された事項に変更があった場合には，変更後速やかに「適格請求書発行事業者登録簿の登載事項変更届出書」を提出する必要があります。

また，国税庁ホームページでの公表事項について新たに公表を追加する，または変更しようとする個人事業者または人格のない社団等については「適格請求書発行事業者の公表事項の公表（変更）申出書」を提出する必要があります。具体的には，個人事業者について「屋号」，「主たる事務所等の所在地」，「外国人の通称又は旧姓氏名」を新たに追加する，または変更しようとする場合，または人格のない社団等について，「本店又は主たる事務所等の所在地」を新たに追加する，または変更しようとする場合に行う手続きとなります。

11 登録の取りやめを行う場合

適格請求書発行事業者は，納税地を所轄する税務署長に「適格請求書発行事業者の登録の取消しを求める旨の届出書」（以下「登録取消届出書」といいます）を提出することにより，登録の効力を失わせることができます。

原則として，登録取消届出書の提出があった日の属する課税期間の翌課税期間の初日に登録の効力が失われます。ただし，登録取消届出書を，その提出のあった日の属する課税期間の末日から起算して15日前の日から，その課税期間の末日までの間に提出した場合は，その提出があった日の属する課税期間の翌々課税期間の初日に登録の効力が失われることとなります。

図表3－8は，12月決算法人である登録事業者が登録取消届出書を提出する場合の具体例を示したものです。

図表3－8　登録取消届出書の効力発生に関する具体例

【12月決算法人が令和7年5月30日に登録取消届出書を提出した場合】

令和8年1月1日から登録の効力がなくなる（令和7年12月31日までは登録事業者としてインボイスの交付義務がある）

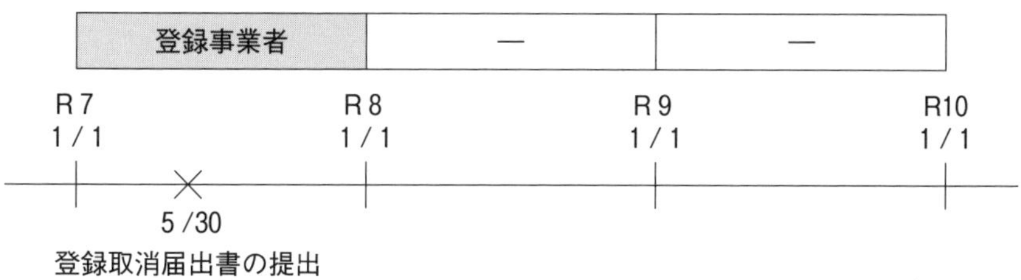

【12月決算法人が令和７年12月27日に登録取消届出書を提出した場合】

令和９年１月１日から登録の効力がなくなる（令和８年12月31日までは登録事業者としてインボイスの交付義務がある）

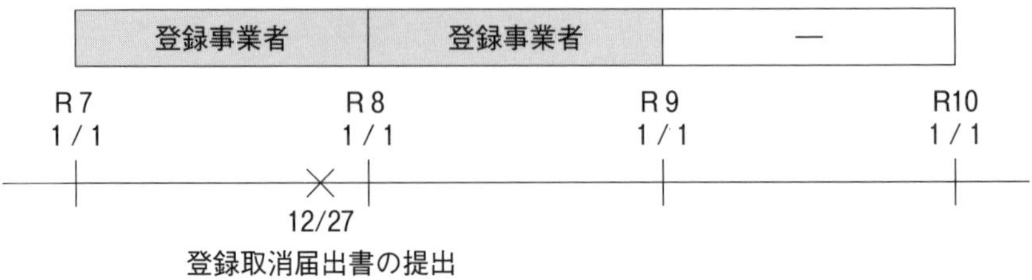

12 事業を廃止した場合

消費税の課税事業者は，事業の廃止の事実があった場合は，廃止後速やかに事業廃止年月日等を記載した「事業廃止届出書」を納税地の所轄税務署長に提出する義務があります。当該届出書の提出があった場合において，その事業者が適格請求書発行事業者であるときは，その廃止日の翌日に適格請求書発行事業者の登録の効力が失われます。

また，法人について合併による消滅の事実があった場合においても，「合併による法人の消滅届出書」を納税地の所轄税務署長に提出する義務があります。当該届出書の提出があった場合においても同様に，合併により消滅した日に登録の効力が失われます。

なお，これらの届出書を提出しない場合においても，事業を廃止したと認められる場合または合併により消滅したと認められる場合には，税務署長は登録を取り消すことができます（**13**参照）。

13 税務署長による登録の取消し

税務署長は，次のいずれかに該当する場合には，登録事業者の登録を取り消すことができます。

（イ）　１年以上所在不明であること
（ロ）　事業を廃止したと認められること
（ハ）　合併により消滅したと認められること
（ニ）　納税管理人を定めなければならない事業者が，納税管理人の届出をしていないこと
（ホ）　消費税法の規定に違反して罰金以上の刑に処せられたこと
（ヘ）　登録拒否要件に関する事項について，虚偽の記載をした申請書を提出し，登録を受けたこと

（イ）の「１年以上所在不明であること」における「所在不明」については，例えば，消費税の申告書の提出がないなどの場合において，文書の返戻や電話の不通をはじめとして，事業者と必要な連絡が取れないときなどが該当します。

（ロ）及び（ハ）については，**12**で記載したとおり，事業者において「事業廃止届出書」または「合併による法人の消滅届出書」を提出する義務があり，当該届出書の提出をもって登録が失効する取扱いとなりますが，届出書の提出がない場合には，税務署長が取消しを行うこととなります。

なお，特定国外事業者（前掲**図表３－６**参照）については，上記のほか，次のいずれかに該当する場合においても，税務署長は登録を取り消すことができます。

（イ）　期限内申告書の提出期限までに，消費税に関する税務代理権限証書が提出されていないこと
（ロ）　消費税につき期限内申告書の提出がなかったことについて正当な理由がないと認められること
（ハ）　現に国税の滞納があり，かつ，その滞納額の徴収が著しく困難であること

14 登録の取りやめ・取消し後の対応

登録の取りやめや取消しが行われ登録番号が失効した場合，失効後については，インボイスの交付をすることはできなくなります。そのため，取引の相手先が課税事業者の場合には，仕入税額控除が適用できなくなりますが，インボイス制度上，登録が失効したことについて，取引先等に通知をする義務は定められていません。交付する請求書等から登録番号の記載を削除すれば足りることになります。

一方で，取引先としては，交付された請求書等に登録番号の記載がないことをもって初めて確認ができることになりますが，登録事業者との継続的な取引の場合には，毎回の請求書等のフォームがインボイス様式になっているかどうかを確認しないまま経理実務を行っていることも想定され，登録番号の記載がなくなったことについて，見落としてしまうことも考えられます。

したがって，登録失効についての通知義務はないものの，インボイスでない請求書を交付する最初のタイミングで取引先に周知するなどの対応をすることが望ましいものと考えます。また，登録が失効する場合には，当然に取引価格の見直しといった議論にもつながりますので，インボイス制度後の実務においては，登録の失効があった場合の対応についても，事前に契約等で取り決めておくことが望ましいと考えます。

§4

登録手続きに関するQ&A

Q1 免税事業者のまま登録をしない場合の手続き

Q	私は現在，消費税の免税事業者です。インボイス制度開始後も適格請求書発行事業者として登録をせず，引き続き免税事業者のままでいる予定ですが，何か手続きをする必要はありますか。
A	• 適格請求書発行事業者として登録をしない場合には，その登録をしないことについて，特別な手続きは必要ありません。

解説

事業者が適格請求書発行事業者として登録をするかどうかはあくまで任意です。登録をしない場合には，インボイスを交付することはできませんが，交付しないことについて税務署長への届出や取引先への通知義務などが生じることはありません。したがって，自らが登録していないことを積極的に周知するなどの対応をする必要はありません。

ただし，取引の相手方である買手側が消費税の課税事業者である場合には，自己の仕入先が適格請求書発行事業者として登録しているかどうかについて問い合わせを行う可能性はあります。問い合わせに対応するかどうかについては，相手先との関係性においてご検討ください。

Q2 相続により事業を承継した相続人が登録をしない場合の注意点

Q	不動産賃貸業を営む父（適格請求書発行事業者）が他界したため，相続人である母と長男の私が賃貸用不動産をそれぞれ１／２ずつ相続することになりました。母と私は適格請求書発行事業者ではなく，父の不動産事業を引き継いだ後においても基準期間における課税売上高の判定等により免税事業者となる見込みであるため，適格請求書発行事業者として登録する予定はありません。この場合における手続きや消費税の申告義務などはどうなりますか。
A	• 適格請求書発行事業者である被相続人の事業を承継した相続人が適格請求書発行事業者でない場合において，被相続人の死亡した日の翌日から４月を経過する日までの間に当該相続人が適格請求書発行事業者として登録を行わないときは，当該４月の期間について，当該相続人は適格請求書発行事業者とみなされるため，消費税の納税義務が生じます。 • また，当該４月の期間において被相続人の登録は引き続き有効とされますので，当該被相続人の登録番号によるインボイスの交付義務があります。

解　説

インボイス制度開始後，個人である適格請求書発行事業者が死亡した場合には，その相続人は「適格請求書発行事業者の死亡届出書」を提出する必要があります。この場合，原則として，次に掲げる日において被相続人の登録の効力が失われます。

①　被相続人の登録の失効日（原則）

次の日のうちいずれか早い日 • 適格請求書発行事業者の死亡届出書の提出日の翌日 • 適格請求書発行事業者が死亡した日の翌日から４月を経過した日

ただし，相続により相続人が適格請求書発行事業者である被相続人の“事業を承継した場合”には，次の期間について，その事業を承継した相続人を適格請求書発行事業者とみなす措置が設けられています。また，当該期間については，「適格請求書発行事業者の死亡届出書」の提出の有無にかかわらず，引き続き被相続人の登録は有効となります。

②　相続人を適格請求書発行事業者とみなす期間（相続人が事業を承継した場合）

相続のあった日の翌日から次のいずれか早い日までの期間 • その相続人が適格請求書発行事業者の登録を受けた日の前日 • 被相続人が死亡した日の翌日から４月を経過する日 ※　①の失効日にかかわらず，上記いずれか早い日まで被相続人の登録は有効。

ご質問においては，相続人が不動産事業を引き継ぐものの，適格請求書発行事業者として登録をしないとのことですので，相続のあった日の翌日から同日後４月を経過する日までの期間について，当該相続人は適格請求書発行事業者とみなされることになります。

適格請求書発行事業者とみなされるということは，当該期間中の課税資産の譲渡等については，インボイスの交付義務があるとともに，消費税の申告納税義務が生じることになります。基準期間の課税売上高判定等により消費税の納税義務がない場合でも，当該４月の期間についての申告が必要となりますので，留意する必要があります。

Q3 新設分割により分割承継法人が事業を引き継いだ場合の登録手続きに関する注意点

Q	当社（適格請求書発行事業者）はグループ内の組織再編成の一環として，会社分割により賃貸用建物（オフィスビル）を新設の法人に移転しました。移転を受けた法人では，引き続き賃料収入やビルの保守収入等が計上されることになりますが，インボイス制度に関して何らかの手続きは必要となりますか。
A	• 新設法人の最初の課税期間（事業年度）の末日までに適格請求書発行事業者の登録申請書を提出した場合には，その最初の課税期間の初日から登録を受けたものとみなされます。したがって，賃借人に対して引き続き継続してインボイスを交付することができます。 • 一方で，最初の課税期間の末日までに登録申請手続きをしないと，最初の課税期間の課税取引についてはインボイスを交付できません。

解 説

会社分割により事業が移転した場合においても，その事業を行っていた法人（分割法人）の登録番号など適格請求書発行事業者の地位を新設法人（分割承継法人）に引き継ぐような取扱いはありません。したがって，オフィスビルのテナントに引き続き途切れることなくインボイスを交付できるようにするためには，新設法人において改めて登録が必要となります。新たに事業を開始した事業者については，その事業を開始した日の属する課税期間の末日までに申請書を提出することで，その課税期間の初日から登録を受けたものとみなす取扱いがありますので，継続してインボイスを交付できるようにするための申請書の提出期限は，設立事業年度の末日までとなります。

オフィスビルの賃貸料など金額が多額になるものについては，登録の失念により，相手方に大きな不利益を与えてしまう可能性があり，結果として取引価格についての協議につながる可能性もあります。特にインボイス制度の実務が定着するまではこのような申請の失念が起こってしまう可能性も十分に考えられますので，インボイス制度開始後に新設法人や未登録の休眠会社等に既存事業を移転するようなスキームを検討する場合には，慎重な対応が必要となります。

§5 売手の立場からみたインボイス制度

本セクションでは，消費税の取引における売手側の立場，つまり，インボイスを交付する側の立場から，インボイス制度の整理を行います。

1 登録するかどうかの検討

(1) 登録の検討フロー

適格請求書等保存方式（インボイス制度）において，売手側が行うべき検討についてのフローは**図表5－1**のとおりとなります。

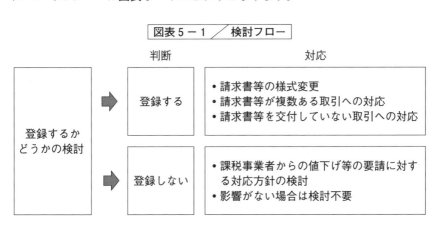

図表5－1 ／ 検討フロー

	判断	対応
登録するかどうかの検討	登録する	• 請求書等の様式変更 • 請求書等が複数ある取引への対応 • 請求書等を交付していない取引への対応
	登録しない	• 課税事業者からの値下げ等の要請に対する対応方針の検討 • 影響がない場合は検討不要

⑵ 登録の検討ポイント

インボイス制度導入にあたり，すべての事業者が検討しなければならないのが，適格請求書発行事業者として「登録をするか否か」です。登録は任意であり，課税事業者だからといって必ずしも登録をする必要はありません。売手側が登録をするメリットとデメリットを考慮して検討する必要があります。

① 登録することのメリット

- 売上先が消費税の課税事業者である場合，自社（自身）がインボイスを交付できることで，売上先で仕入税額控除を適用することができる。売上先に消費税申告上の不利益が生じないため，取引条件の見直しや新規取引からの排除等の影響が生じない。

② 登録することのデメリット

- インボイスの記載要件を満たすように請求書等のフォーマット修正が必要となる。
- 売上先から求められた場合，インボイスの交付義務が生じるため，口座振替などにより請求書等を交付していない場合には交付の対応が必要となる。
- 一の取引について複数の書類を交付している場合，相手先との間でどの書類をインボイスとするかについて認識合わせが必要となる。
- インボイスを交付した場合，保存義務が生じる。
- 免税事業者の場合には登録により課税事業者となるため，消費税の納税負担と申告作業等の事務負担が増加する。

売手の立場において，適格請求書発行事業者として登録することのメリットは，取引の相手方に不利益が生じないことで，取引条件を見直すことなく取引が継続できるという点のみです。デメリットの内容を確認するとわかるように，基本的には登録をすることによって売手の負担が増加する制度となります。登録は義務ではありませんので，売手自身の納税義務や取引相手の状況等を考慮しながら，登録するかどうかの検討を行う必要があります。

適格請求書発行事業者となるかどうかについての一般的な対応は，消費税の納税義務に応じて，**図表５－２**のとおりになるものと考えられます。

図表５－２　適格請求書発行事業者として登録するかどうかの検討ポイント

	自社(自身)の納税義務	売上先の属性	売手事業者の一般的な対応／検討ポイント
①	課税事業者	主に 課税事業者	登録の有無にかかわらず納税負担に影響はないため，売上先との関係性を考慮すると，適格請求書発行事業者として登録すべきと考えられる。
②	課税事業者	主に 一般消費者 免税事業者	●登録の有無にかかわらず納税負担に影響はないが，売上先の大多数がインボイスの交付を受ける必要がない者である場合には，必ずしも適格請求書発行事業者として登録する必要はない。 ●営業取引以外の取引等も考慮し慎重な検討が必要。課税事業者は，課税期間の中途においても必要と判断したタイミングで随時登録ができるため，判断に迷う場合には当面様子を見る対応も考えられる。
③	免税事業者	主に 課税事業者	●登録をする場合には納税負担・事務負担が増加する。登録をしない場合には，売上先からの値下げ要請や取引排除のリスクが生じる。いずれの選択においても，事業へのマイナスの影響があるため，慎重な検討が必要となる。 ●今後積極的に新規売上先を獲得していくことを志向している場合には，登録をすることにより業務拡大につながりやすい環境が得られると考えられる。 ●引き続き既存の売上先との取引が中心となる場合には，登録をせず，売上先との取引条件交渉による対応も考えられる。 ●経過措置の取扱いにより，インボイス制度開始後６年間は，免税事業者である課税期間の中途においても必要と判断したタイミングで随時登録ができるため，判断に迷う場合には当面様子を見る対応も考えられる。
④	免税事業者	主に 一般消費者 免税事業者	適格請求書発行事業者として登録する必要性は低いと考えられる。

図表中の②については，一般消費者向けの小売店が想定されますが，直接の購入者が個人であったとしても，法人や個人事業者の経費として計上されるこ

とも考えられますので，安易に登録不要とは判断できません。顧客の属性が判断できず，影響が不透明な場合には，最小限の対応を前提に登録を行うという方法も考えられます。

登録をすると交付する請求書や領収書についてインボイスの記載要件を満たすための様式変更対応が必要となりますが，インボイスは「相手から求められた場合」にのみ，交付する義務が生じます。

もし，顧客の大多数が一般消費者と見込まれるのであれば，店頭のレジシステムは変更せず引き続き既存のレシートを使用することとし，相手から求められた場合にのみ，個別に手書き等で対応するといった方法も考えられます。

すでに課税事業者として消費税の申告納税を行っているのであれば，登録の有無によって納税負担に影響は生じませんので，このような対応を行うことで制度導入による負担を最小限に抑えることができます。

小売店以外にも，飲食店，理容店，学習塾など個人消費者向けの事業はたくさんありますが，課税事業者でありながら登録をしないという対応については，それぞれ，顧客層や今後の事業展開などを考慮しながら，慎重な検討が必要です。

表中の③については，昨今における働き方の多様化等の状況もあり，さまざまな職種の事業や取引状況が考えられます。③の区分に該当する事業者が適切な検討を行うためには，まずは消費税の申告納税制度の仕組みを理解し，インボイス制度導入に伴う影響がどこに現れるのかを把握する必要があります。対応の詳細については，§1及び§2. **1** をご確認ください。

2 請求書等の様式変更対応

ここからは，インボイスの様式を確認していきましょう。インボイスには，特定の様式はありません。したがって，必要な事項が記載された書類であれば，請求書や納品書等の名称を問わず，手書きであってもインボイスに該当します。

このことを逆にいえば，自社で発行するインボイスの様式をどうするのかについては，自社で決める必要があるということです。

(1)　適格請求書（インボイス）の法定記載事項と記載例

インボイスに必要な記載事項は以下のとおりです。前述したとおり，**図表5－3**の項目を記載すればその様式にかかわらずインボイスとして認められます。

図表5－3　適格請求書の記載事項

No.	記載事項
①	適格請求書発行事業者の氏名又は名称及び登録番号
②	課税資産の譲渡等を行った年月日
③	課税資産の譲渡等に係る資産又は役務の内容（課税資産の譲渡等が軽減対象資産の譲渡等である場合には，資産の内容及び軽減対象資産の譲渡等である旨）
④	課税資産の譲渡等に係る税抜価額又は税込価額を税率ごとに区分して合計した金額及び適用税率
⑤	税率ごとに区分した消費税額等
⑥	書類の交付を受ける事業者の氏名又は名称

【記載例１】　軽減税率の適用がある飲食料品の卸売業

請求書

△△商事㈱ ①
登録番号　T012345…

⑥ ㈱○○ 御中

11月分　131,200円

××年11月30日

	日付	品名		金額
②	11/ 1	魚　※	③	5,000円
	11/ 1	豚肉　※		10,000円
	11/ 2	タオルセット		2,000円
		…		

	合計	120,000円	消費税	11,200円	
④	８％対象	40,000円	消費税	3,200円	⑤
	10%対象	80,000円	消費税	8,000円	

※軽減税率対象 ③

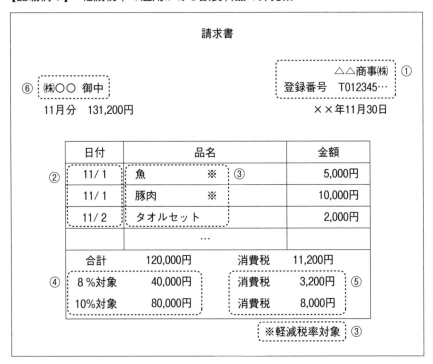

③「課税資産の譲渡等に係る資産の内容」について軽減税率の対象となる資産がある場合には，８％の税率の記載だけでなく，軽減対象資産の譲渡等である旨の記載が必要です。

⑤「税率ごとに区分した消費税額等」の計算時に１円未満の端数が生じる場合，１つのインボイスにつき，税率ごとに１回の端数処理となります。

【記載例２】　軽減税率の適用がない10%取引のみのサービス業

請求書

②　××年11月30日

⑥　㈱○○　御中

△△カンパニー㈱　①
登録番号　T012345…

ご請求金額　385,000円

品名	数量	単価	金額
③ デザイン料	1	300,000	300,000
システム利用料 11月分	1	50,000	50,000

④ 小計	350,000
消費税（10%）　⑤	35,000
合計	385,000

④の適用税率については，一のインボイス内において適用される税率が標準税率（10%）のみであっても，「10%」という記載が必要となります。

(2)　区分記載請求書等保存方式との比較

図表５－４は，インボイス制度導入前における区分記載請求書等保存方式（軽減税率導入後，インボイス制度が始まるまでの経過期間における請求書等の保存に関する取扱い）と適格請求書等保存方式（インボイス制度）の比較表です。それぞれの記載事項を比較すると，インボイスには発行者の登録番号，

適用税率ごとの対価の合計額と消費税額等の情報を追加する必要があります。

図表5－4 ╱区分記載請求書等保存方式とインボイス制度の比較

区分記載請求書等保存方式（令和元年10月1日から令和5年9月30日までの間）	インボイス制度（適格請求書等保存方式。令和5年10月1日から開始）
①書類の作成者の氏名又は名称	①適格請求書発行事業者の氏名又は名称及び登録番号
②課税資産の譲渡等を行った年月日	②課税資産の譲渡等を行った年月日
③課税資産の譲渡等に係る資産又は役務の内容（課税資産の譲渡等が軽減対象資産の譲渡等である場合には，資産の内容及び軽減対象資産の譲渡等である旨）	③課税資産の譲渡等に係る資産又は役務の内容（課税資産の譲渡等が軽減対象資産の譲渡等である場合には，資産の内容及び軽減対象資産の譲渡等である旨）
④税率ごとに合計した課税資産の譲渡等の税込価額	④税率ごとに区分した課税資産の譲渡等の税抜価額又は税込価額の合計額及び適用税率
	⑤税率ごとに区分した消費税額等
⑤書類の交付を受ける事業者の氏名又は名称	⑥書類の交付を受ける事業者の氏名又は名称
※発行側に請求書等の交付義務なし。 ※記載事項に不備がある場合は，③④の事項に限り受領側での追記が認められる。	※発行側に請求書等の交付義務あり（交付義務が免除される取引を除く）。 ※記載事項に不備がある場合は，発行側に修正した請求書等の交付義務があり，受領側での追記は認められない。

※下線は，区分記載請求書等に追加される記載事項です。
（出典：インボイスQ&A問52の図を参考に作成）

⑶ 適格簡易請求書（簡易インボイス）とその法定記載事項

小売業など不特定かつ多数の者に課税資産の譲渡等を行う一定の事業の場合には，インボイスに代えて簡易インボイスを交付することが可能です。簡易インボイスを発行できる事業については§6. Q1をご参照ください。

簡易インボイスは，「税率ごとに区分した消費税額等」と「適用税率」のいずれか一方の記載とすることができ，さらに「書類の交付を受ける事業者の氏名又は名称」の記載を省略できる点で，適格請求書に比べ簡易的なものになります。

特に，不特定多数と取引を行う小売業等にとっては書類の交付を受ける事業者の氏名または名称を記載することは現実的ではありませんから，簡易インボイスを交付することでこの問題を解決することができます。

具体的な記載事項は**図表5－5**のとおりです。

図表5－5　適格簡易請求書の記載事項

No.	記載事項
①	適格請求書発行事業者の氏名又は名称及び登録番号
②	課税資産の譲渡等を行った年月日
③	課税資産の譲渡等に係る資産又は役務の内容（軽減対象資産の譲渡等である場合には，資産の内容及び軽減対象資産の譲渡等である旨）
④	課税資産の譲渡等に係る税抜価額又は税込価額を税率ごとに区分して合計した金額
⑤	税率ごとに区分した消費税額等又は適用税率(※)

（※）　⑤「税率ごとに区分した消費税額等」と「適用税率」は両方記載することも可能です。

(4)　適格請求書（インボイス）と適格簡易請求書（簡易インボイス）の比較

インボイスと簡易インボイスを比較すると**図表5－6**のとおりとなります。下線部が現行の区分記載請求書の記載事項に追加される項目です。

図表５－６　インボイスと簡易インボイスの比較

適格請求書（インボイス）

①適格請求書発行事業者の氏名又は名称及び登録番号
②取引年月日
③取引内容（軽減税率の対象品目である旨）
④税率ごとに区分して合計した対価の額（税抜き又は税込み）及び適用税率
⑤税率ごとに区分した消費税額等(※)
⑥書類の交付を受ける事業者の氏名又は名称

適格簡易請求書（簡易インボイス）

①適格請求書発行事業者の氏名又は名称及び登録番号
②取引年月日
③取引内容（軽減税率の対象品目である旨）
④税率ごとに区分して合計した対価の額（税抜き又は税込み）
⑤税率ごとに区分した消費税額等(※)又は適用税率

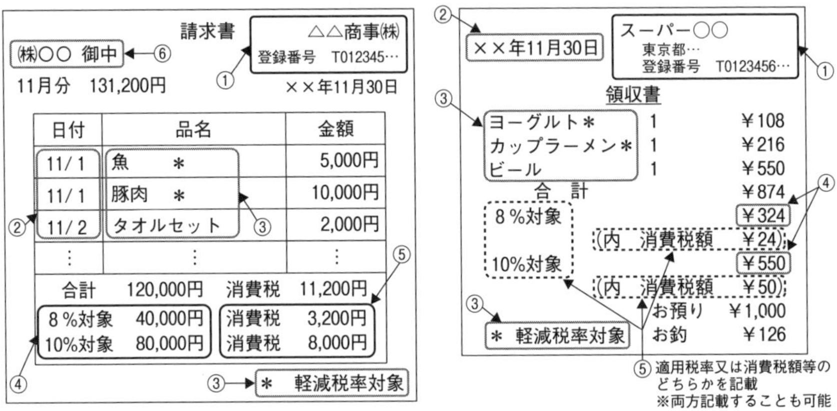

（※）　⑤の「税率ごとに区分した消費税額等」の端数処理は，１枚のインボイス等につき，税率ごとに１回ずつです。

（出典：国税庁資料「適格請求書等保存方式（インボイス制度）の手引き」を参考に作成）

⑸　適格返還請求書（返還インボイス）

課税事業者は，国内において行った課税資産の譲渡等につき，返品を受け，または値引きもしくは割戻しをしたことにより，税込対価の返還または税込対価に係る売掛金等の減額（以下「売上げに係る対価の返還等」といいます）をした場合には，当該売上げに係る対価の返還等をした日の属する課税期間の課税標準額に対する消費税額から当該売上げに係る対価の返還等の金額に係る消費税額の合計額を控除することができます。当該税額控除の適用を受けるためには，インボイス制度開始前と同様に，売上げに係る対価の返還等をした金額の明細を記録した帳簿の保存が要件となります。

一方で，インボイス制度開始後において，適格請求書発行事業者が売上げに係る対価の返還等を行った場合には，所定の事項を記載した適格返還請求書（返還インボイス）を交付する義務が課されています。当該返還インボイスの交付義務は，インボイス制度導入に際して設けられた取扱いであり，適格請求書発行事業者の義務として対応する必要がありますが，売上げに係る対価の返還等を行った場合の税額控除の適用を受けるための要件ではありませんので，区別して対応を考える必要があります。

なお，インボイスの交付義務が免除される取引については返還インボイスの交付義務も同様に免除されます（交付義務の免除については，§6. Q5参照）。また，売上げに係る対価の返還等に係る税込価額が1万円未満である場合においても，返還インボイスの交付義務が免除されます（§6. Q10参照）。1万円未満であるかどうかは，返還・値引き等の対象となる請求や債権の単位ごとに減額した金額により判定します。

返還インボイスの記載事項は**図表5－7**のとおりです。

図表5－7／適格返還請求書の記載事項

No.	記載事項
①	適格請求書発行事業者の氏名又は名称及び登録番号
②	売上げに係る対価の返還等を行う年月日及び売上げに係る対価の返還等の原因となる課税資産の譲渡等を行った年月日
③	売上げに係る対価の返還等の原因となる課税資産の譲渡等に係る資産又は役務の内容（軽減対象資産の譲渡等である場合には，資産の内容及び軽減対象資産の譲渡等である旨）
④	売上げに係る対価の返還等に係る税抜価額又は税込価額を税率ごとに区分して合計した金額
⑤	売上げに係る対価の返還等の金額に係る消費税額等又は適用税率

（注）　②の売上げに係る対価の返還等の原因となる課税資産の譲渡等を行った年月日が適格請求書発行事業者の登録前である場合には，返還インボイスの交付義務はありません。

3 インボイスの交付フロー対応

(1) インボイスとする書類の決定

適格請求書発行事業者になることを選択した事業者については，インボイス制度導入に向け，相手方に交付する請求書等の様式変更等の対応が必要になります。

まずは自社の現状把握が必要です。インボイスは消費税の課税売上げに該当する取引について交付の対応が必要となりますので，自社の売上取引を抽出する必要があります。そして，これらの取引について請求書等の書類を交付しているのかどうか，交付している場合にはどのような種類の書類を交付しているのかを洗い出し，現状を把握する必要があります。

また，取引先に対して注文書，注文請書，請求書，領収書など複数の書類を交付している場合には，いずれをインボイスとするのかを決定し，必要に応じて取引先とのすり合わせが必要になります（すべての書類をインボイス様式に修正する必要はなく，いずれかがインボイスに該当すればよいこととされます)。一般的な検討フローは**図表5－8**のとおりです。

図表5－8／インボイスの交付についての検討フロー

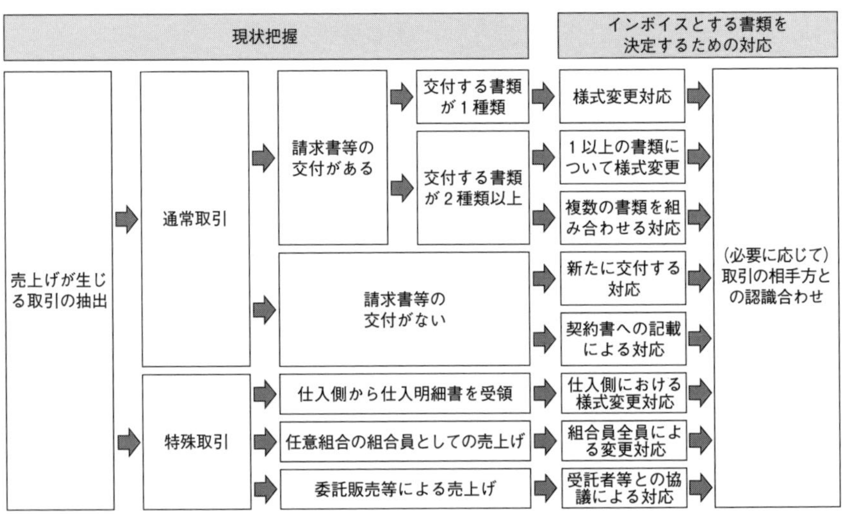

(2)　様式の変更

インボイスとする書類が決定した後，その書類が消費税法において求められている記載事項を満たすよう書式を変更する必要があります。請求書発行システムから交付されるものだけでなく，WordやExcelなどにより個別のフォーマットを使用している場合には，それぞれにおいてインボイス様式への変更対応が必要となるため，インボイス制度導入を機にシステムに一本化する対応も考えられます。

また，1つのインボイスにつき消費税の端数処理を1回とする論点があるため，インボイスだけでなく交付する各書類における金額の整合性を図る必要があります。

(3)　一取引について複数の請求書等がある場合の対応

インボイスは，1つの書類のみですべての記載事項を満たす必要はなく，2つ以上の書類であっても，相互の関連性が明確でインボイスの交付対象となる取引内容を正確に認識できる方法で交付されていれば，その複数の書類でインボイスの記載事項を満たすことになります。

例えば，日々の取引は納品書を交付し，1か月分をまとめて請求書として交付する場合は，**図表5－9**のように請求書に納品書番号を記載し，資産の内容については納品書を参照するといった記載方法によることが可能です。

なお，最終的にインボイスを保存して仕入税額控除を行うのは買手側です。売手側で「2種類の書類を組み合わせればインボイスになる」と考えていたとしても，買手側がそれを認識できなければ意味がありません。インボイス制度開始後に「インボイスの要件を満たしていないと思われるので，適切なインボイスを交付してほしい」といった問い合わせが殺到してしまわないように，複数の書類を組み合わせてインボイスの要件を満たす対応を行う場合には，事前に相手先とのすり合わせをしておくことが望ましいと考えます。

図表５－９／記載方法の例示

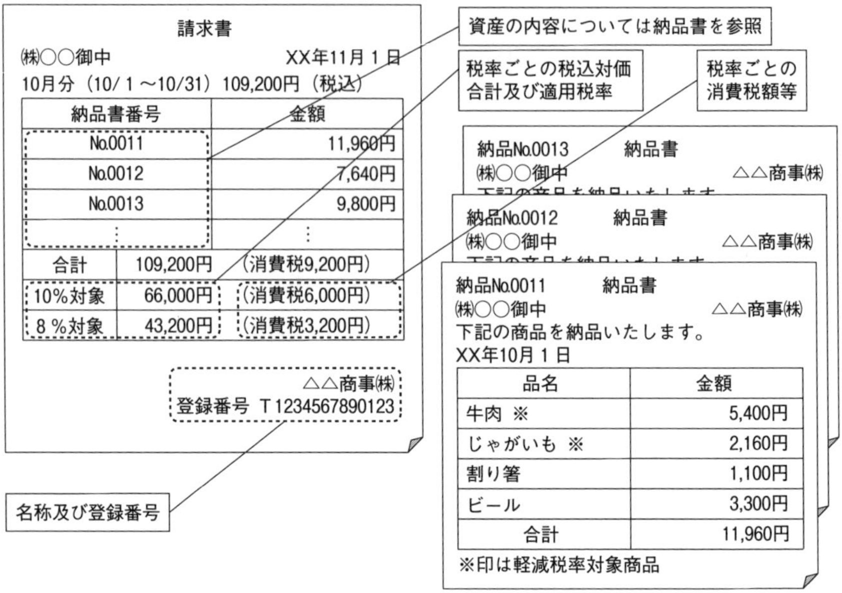

（出典：インボイスQ&A問63を参考に作成）

⑷ 請求書等を交付していない取引への対応

家賃や業務委託料，リース料など，毎月定額の料金を口座振替や口座振込で徴収する場合には，請求書等を交付していないケースも想定されます。このように取引の都度，請求書や領収書を交付しない取引であっても，買手側が仕入税額控除を受けるためには，原則として，インボイスの保存が必要です。そのため，売手側はインボイスを交付する必要がありますが，取引量によっては取引の都度インボイスを交付することが現実的ではないケースもあるため，一定期間の取引をまとめてインボイスを交付することが認められています。

また，インボイスとして必要な記載事項は，一の書類にすべてが記載されている必要はなく，複数の書類で記載事項を満たせばよいため，例えば，契約書に登録番号など取引年月日以外の事項を記載し，買手側において実際の取引年月日が確認できる書類（通帳，振込金受取書等）を保存することで，仕入税額控除の要件を満たすといった対応も可能です（インボイスQ&A問93)。

なお，インボイス制度開始前からの契約について，契約書に登録番号等の記載が不足している場合には，別途，登録番号等の不足している情報を通知し，契約書とともに保存をお願いする対応も認められます。

(5)　交付義務への対応

適格請求書発行事業者になるとインボイスを発行することができるようになるとともに，以下の義務を負います。

1　国内において資産の譲渡等を行った場合において，取引の相手方である事業者からインボイス・簡易インボイスの交付を求められたときは，インボイス・簡易インボイスを当該他の事業者に交付しなければならない。ただし，３万円未満の公共交通料金等の一定の取引はインボイス・簡易インボイスの交付義務が免除される。
2　売上げに係る対価の返還等を行った場合，返還インボイスを交付しなければならない。ただし，税込１万円未満の少額の値引きや，上記１と同様に３万円未満の公共交通料金等の一定の取引は返還インボイスの交付義務が免除される。
3　交付したインボイス・簡易インボイス・返還インボイスに誤りがあった場合，修正したインボイス・簡易インボイス・返還インボイスを交付しなければならない。
4　インボイス・簡易インボイス・返還インボイスを交付した場合，これらの書類の写し等を保存しなければならない。

上記のうち対応について検討が必要なのは，取引先から求められた場合にインボイスを交付する義務を負うという点です。求められた場合にのみインボイスを交付するのか，求められない場合にもインボイスを交付するのかについて，あらかじめ決めておく必要があります。

⑹ 特殊取引・特殊事業への対応

以下の取引や事業については，一般的な対応とは異なる対応が必要となりますので，個別に対応方針についての検討が必要となります。

- 商品の販売等にあたり，請求書の交付ではなく，仕入先が作成する仕入明細書を受領する場合（§7. **2**参照）
- 任意組合等により事業を行っている場合（§6. Q11参照）
- 商品の販売委託や，請求書の発行事務・集金事務などの商品の販売等に付随する委託を行うケースにおいて媒介者交付特例を適用する場合（§6. Q13参照）

4 申告・経理実務

⑴ 売上税額の計算方法

売上税額から仕入税額を控除する従来からの消費税額の計算方法は，インボイス制度においても同様です。インボイス制度における売上税額の計算方法には，「総額割戻し方式（以下「割戻し方式」といいます）」と「適格請求書等積上げ方式（以下「積上げ方式」といいます）」の２つの方法が認められており（消法45①⑤），取引先ごと，または事業ごとにそれぞれ別の計算方法によるなど，割戻し方式と積上げ方式の併用も認められています（インボイス通達３－13)。

図表５－10　適格請求書等保存方式における売上税額の計算方法

No.	区分	売上税額の計算方法
①	割戻し方式（原則）	課税期間中の課税資産の譲渡等の税込金額の合計額に100/110（軽減税率の場合は100/108）を乗じて計算した課税標準額に7.8%（軽減税率の場合は6.24%）を乗じて計算する。
②	積上げ方式（特例）	交付したインボイス等に記載した税率ごとの消費税額等の合計額に78/100を乗じて計算する。 ※交付したインボイス，簡易インボイスの写しを保存している場合に限り選択可能。また，仕入税額の計算についても同様に積上げ計算を行う必要がある。

一般的には実務上の簡便性から割戻し方式を採用するケースが多いと思われますが，膨大な数の取引がある大型の小売店などにおいては，レシート単位で行われる消費税の端数処理に伴って納税負担に大きな影響を与える場合があり，当該影響を回避するため積上げ方式を採用するケースがあります。

(2)　簡易課税制度を採用する場合

自社が簡易課税制度を採用している場合でも，適格請求書発行事業者として登録する場合には，適格請求書を交付する必要があります。なお，仕入税額控除の管理は不要であるため，仕入先に対しインボイスの交付を求める必要はありません。

§6 売手の立場からみたインボイスQ&A

Q1 簡易インボイスを交付することができる事業

Q	簡易インボイスを交付することができる事業について教えてください。
A	• 簡易インボイスの交付ができる事業は，小売業，飲食店業などの特定の事業とこれらの事業に準ずる事業で不特定かつ多数の者に資産の譲渡等を行う事業に限られています。 • 不特定かつ多数の者に資産の譲渡等を行う事業に該当するかどうかは，相手方を問わず広く一般を対象に資産の譲渡等を行うかなど個々の事業の性質により判断します。

解 説

1．簡易インボイスの交付が認められる事業

小売業，飲食店業，タクシー業等の特定の事業及びこれらの事業に準ずる事業で不特定かつ多数の者に資産の譲渡等を行う事業については，インボイスに代えて，「書類の交付を受ける事業者の氏名又は名称」等の記載を省略した簡易インボイスを交付することができます。具体的な事業は**図表６－１**のとおりです。

なお，下表①から⑤までの事業については「不特定かつ多数の者に対するもの」との限定はありませんから，その形態にかかわらず簡易インボイスを交付

することができます。

図表６－１／適格簡易請求書の交付が認められる事業（消令70の11）

No.	適格簡易請求書の交付が認められる事業
①	小売業
②	飲食店業
③	写真業
④	旅行業
⑤	タクシー業
⑥	駐車場業（不特定かつ多数の者に対するものに限る）
⑦	上記に準ずる事業で不特定かつ多数の者に資産の譲渡等を行う事業

2．「不特定かつ多数の者に資産の譲渡等を行う事業」の判断

自らが営む事業が「不特定かつ多数の者に資産の譲渡等を行う事業」であるかどうかは，個々の事業の性質により判断します。資産の譲渡等を行う際に相手方の氏名または名称等を確認せず，取引条件等をあらかじめ提示して，相手方を問わず広く資産の譲渡等を行うことが常態である事業などについては，これに該当します（インボイスQ&A問25）。

Q2 複数事業を営んでいる場合の簡易インボイスの交付

Q	当社は小売業と卸売業の２つの事業を営んでおり，小売業に係る取引についてはレシートを簡易インボイスとして取り扱いたいと考えています。問題点や注意点があれば教えてください。
A	•小売業であれば簡易インボイスを交付することができます。 •複数の事業を営んでいる場合には，事業ごとに簡易インボイスの交付が可能かどうかの判定を行うことができます。

- 事業部ごとにインボイス制度について異なる対応を行う場合，想定以上のコストや時間が生じる可能性があるため，早めに準備しておくことが重要と考えます。

解　説

貴社は，小売業に係る取引についてはレシートを簡易インボイスとすることができます。卸売業に係る取引については，通常のインボイスを発行する必要があります。

小売業等の特定の事業は，一般的に不特定多数の消費者との間で取引が行われるため，取引相手の氏名を把握しインボイスに記載することは困難であると考えられます。そこで，事業者が行った取引が小売業等の一定の事業に係るものである場合には，インボイスに代えて，取引相手の氏名等の記載を省略した簡易インボイスを交付することができます（消法57の４②）。

ここで，貴社のように複数の事業を行っている場合に，事業ごとに簡易インボイスの交付を行うことができるのかどうかの疑問が生じます。この点，消費税法第57条の４第２項において「適格請求書発行事業者が国内において行った課税資産の譲渡等が小売業その他の政令で定める事業に係るものであるときは（下線部筆者）」と記載されており，下線部の記載から，事業ごとにその判定を行えるものと考えます。

したがって，貴社の場合には，小売業に係る部分の取引について簡易インボイスの交付が可能と考えます。

複数の事業を行っている企業は，事業ごとにインボイス制度に関する対応を行っていく必要があるケースも考えられます。このような場合，事業部ごとのすり合わせや複数の事業部に対する経営判断が必要となるため，想定以上のコストや時間が生じる可能性がありますので留意が必要です。

Q3　外貨建取引がある場合のインボイスの記載

Q　当社はドル建ての取引を行っています。外貨建取引に関するインボイスの注意点を教えてください。

A
- 税率ごとに区分した消費税額等は日本円での記載が必要となります。
- 円換算は，資産の譲渡等の対価の額の円換算の方法（消基通10－1－7）と同様に，法人税における外貨建ての取引を円換算する際の取扱いの例により行います。

解　説

外貨建取引であっても，インボイスに記載すべき事項は変わりません。ただし，「税率ごとに区分した消費税額等」については日本円での記載が必要となります（逆にいえば，それ以外は外貨での記載も可能）。

外貨建取引に関する「税率ごとに区分した消費税額等」の円貨額の算定方法は**図表６－２**の４通りが考えられます（「インボイスQ&A問66」より）。

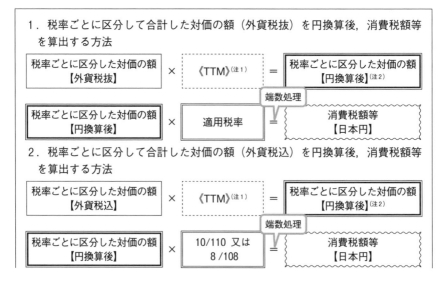

図表６－２　円貨額の算定方法

1．税率ごとに区分して合計した対価の額（外貨税抜）を円換算後，消費税額等を算出する方法

税率ごとに区分した対価の額【外貨税抜】 × 《TTM》(注１) ＝ 税率ごとに区分した対価の額【円換算後】(注２)

端数処理

税率ごとに区分した対価の額【円換算後】 × 適用税率 ＝ 消費税額等【日本円】

2．税率ごとに区分して合計した対価の額（外貨税込）を円換算後，消費税額等を算出する方法

税率ごとに区分した対価の額【外貨税込】 × 《TTM》(注１) ＝ 税率ごとに区分した対価の額【円換算後】(注２)

端数処理

税率ごとに区分した対価の額【円換算後】 × 10/110 又は 8/108 ＝ 消費税額等【日本円】

3．税率ごとに区分して合計した対価の額（外貨税抜）から計算過程の消費税額等（外貨）を算出後，円換算する方法

税率ごとに区分した対価の額【外貨税抜】 × 適用税率 ＝ 計算過程の消費税額等【外貨】(注3)

端数処理

計算過程の消費税額等【外貨】 × 《TTM》(注1) ＝ 消費税額等【日本円】

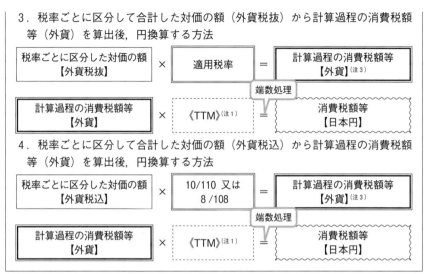

4．税率ごとに区分して合計した対価の額（外貨税込）から計算過程の消費税額等（外貨）を算出後，円換算する方法

税率ごとに区分した対価の額【外貨税込】 × 10/110 又は 8/108 ＝ 計算過程の消費税額等【外貨】(注3)

端数処理

計算過程の消費税額等【外貨】 × 《TTM》(注1) ＝ 消費税額等【日本円】

(注1)　TTMとは対顧客直物電信売相場（TTS）と対顧客直物電信買相場（TTB）の仲値のことをいいます。消費税額等の算出に係る円換算の方法は，資産の譲渡等の対価の額の円換算の方法（消基通10－1－7）と同様，所得税または法人税の課税所得金額の計算において外貨建ての取引に係る売上金額その他の収入金額を円換算する際の取扱いの例により行うこととなります。

(注2)　税率ごとに区分した対価の額を円換算する際，端数処理を行うかどうかは事業者の任意となります。なお，ここでの端数処理は，税率ごとに区分した対価の額の計算であり，適格請求書の記載事項としての「消費税額等」の端数処理には該当しません。

(注3)　消費税額等の端数処理は，「1円未満」の端数が生じた場合に行うものであるため，計算過程の外貨建ての消費税額等を算出する際に，端数処理を行うことはできません。

例えば，税抜対価1,000ドル，消費税率10%，取引日のTTM140円を前提にインボイスを作成する場合には1,000ドル×140円×10%＝14,000円（1の方法により計算）の消費税額を記載する必要があります。

ところで，外貨建取引について，資産の譲渡等の対価の額が外貨で記載されたインボイスを受領することもあると思います。

この際，換算レートとして社内レートを適用しており貴社と取引先の換算レートが異なる場合，「社内レートで換算した金額×消費税率」と，インボイスに記載された消費税額等の円貨額が異なることとなります。

消費税の計算時に仕入税額の計算方法として「適格請求書等積上げ方式」を採用している場合には，インボイスに記載された消費税額等を集計する必要があるため留意が必要です。

Q4 旧税率の取引がある場合のインボイスの記載

Q	当社の取引の一部は，経過措置が適用されているため旧税率の８％が適用されています。旧税率が適用される取引についてもインボイスを交付する必要があるのでしょうか。
A	• 旧税率が適用される場合であってもインボイスの交付が必要です。 • 「課税資産の譲渡等の税抜価額又は税込価額を税率ごとに区分した合計額」，「税率ごとに区分した消費税額等」については，旧税率分を区分して記載します。

解　説

経過措置によりインボイス制度導入後も８％や５％の旧消費税率が適用される取引について，その税率ごとに「課税資産の譲渡等の税抜価額又は税込価額を税率ごとに区分した合計額」，「税率ごとに区分した消費税額等」を記載する必要があります（平成30年消令附則14）。

旧税率と現行税率を同一のインボイスに記載してよいかについては，条文上明確ではありませんが，軽減税率と旧税率が同じ８％であることもあり（旧税率である旨の記載は求められていない），混乱を避けるためにも別々のインボイスとするのが望ましいと考えます。

Q5　インボイスの交付義務が免除される場合

Q	インボイスの交付義務が免除される取引はありますか。
A	• ３万円未満の公共交通料金等，インボイスの交付義務が免除される取引があります。 • 免税取引，非課税取引及び不課税取引については，インボイスの交付義務は課されません。

解 説

1．交付義務の免除

適格請求書発行事業者には，取引の相手方からの求めに応じてインボイスを交付する義務が課されていますが，**図表６－３**の取引は，事業の性質上，インボイスを交付することが困難であると考えられるため，適格請求書の交付義務が免除されます（消令70の９②，インボイスQ&A問41）。

図表６－３　／　インボイスの交付義務が免除される取引

①	３万円未満（税込）の公共交通機関（船舶，バス，鉄道）による旅客の運送
②	出荷者等が卸売市場において卸売業者に委託して行う生鮮食料品等の販売
③	生産者が農業協同組合等に委託して行う農林水産物の販売（無条件委託方式かつ共同計算方式により生産者を特定せずに行うものに限る）
④	３万円未満（税込）の自動販売機等により行われる商品の販売等
⑤	郵便切手類のみを対価とする郵便・貨物サービス（郵便ポストに差し出されたものに限る）

2．自動販売機等の範囲

(1)　インボイスの交付義務が免除となる取引

インボイス交付が免除される「自動販売機等」とは，自動販売機や自動サービス機など，代金の受領と資産の譲渡等が自動で行われる機械装置であって，その機械装置のみで代金の受領と資産の譲渡等が完結するものをいい，その自動販売機等により行われる商品の販売等には次のようなものが該当します。

- 自動販売機による飲食料品等の販売
- コインロッカー，コインランドリー，コピー機によるサービス
- 金融機関のATMによる手数料を対価とする入出金サービス等

(2) インボイスの交付義務が免除とならない取引

機械装置により単に精算が行われているだけのものや，代金の受領のみが機械装置で行われ資産の譲渡等は別途行われているようなものなど，その機械装置で資産の譲渡等が行われていないものは，インボイスの交付義務が免除される「自動販売機等」には該当しません。具体的には次のようなものが「自動販売機等」に該当せず，インボイスの交付が必要となります。

- セルフレジ
- コインパーキング
- 自動券売機
- ネットバンキング

Q6 診療所におけるインボイスの交付義務

Q	当院は個人患者の診療を主とする医療法人です。健康診断等の収入（課税売上げ）もあるため継続的に消費税の納税義務が生じていますので，念のため適格請求書発行事業者として登録をしようと思いますが，一般の診療窓口で患者に交付する領収書について，インボイスの様式変更を行う必要はありますか。
A	• 必ずしも様式を変更する必要はありません。 • 患者から求められた場合には対応できるよう事前準備が必要です。

解　説

インボイスの登録事業者は，取引の相手方から求められた場合にはインボイスを交付する義務があります。言い換えると，相手方から求められない場合にはインボイスを交付する必要はありません。

貴院が診療窓口で交付する領収書については，その領収書を受領する患者は一般的にインボイスの交付を必要としない一般消費者であり，インボイスの交付を求められるケースは少ないものと想定されます。したがって，必ずしも様式変更を行う必要はないと考えます。

ただし，企業の健康診断等で経費となる取引も想定されるため，相手方から求められた場合には対応できるよう，インボイスとしての記載事項が不足している項目を手書きで追記するのか，インボイス様式のフォーマットを作成しておくのか等，事前に検討し準備しておく必要があります。

Q7　インボイスに記載した消費税額と会計帳簿に記載した仮受消費税の額とが異なる場合

Q	当社は，電子部品の卸売業を営む事業者です。当社が取り扱う商品の仕入れ，在庫，販売の管理はすべて基幹システムにより行っています。売上先に交付する請求書についても基幹システムから出力されるため，請求書単位で消費税の端数処理を行うように改修を行いました。しかし，会計処理においては，商品ごとに消費税が計算される仕様のため，請求書に記載した消費税額と会計帳簿に計上される仮受消費税の額は必ずしも一致しません。何か問題がありますでしょうか。
A	• 売上げの計算において積上げ計算を行うことはできません。 • 割戻し計算を行う場合には，最終的な納税額に影響を与えないため，問題ないものと考えます。

解 説

インボイス制度開始後は，一のインボイスにつき，税率ごとに１回の端数処理を行う必要があり，個々の商品ごとの端数処理は認められません。貴社においては，インボイスとなる請求書単位で消費税の端数処理を行うように請求システムを改修されたとのことですので，会計システム上は商品ごとに消費税が計算されていても，交付するインボイスとしては何ら問題ありません。

一方，消費税申告の側面から見ると，売上税額について積上げ計算を行う場合は，交付したインボイスに記載された税率ごとの消費税額等の合計額に100分の78（標準税率の場合）を乗じて計算する必要がありますが，貴社の会計帳簿に計上される仮受消費税の額は商品ごとに端数処理された消費税額であることから，当該仮受消費税をもとに積上げ計算を行うことはできません。

これに対し，割戻し計算を行う場合には，税務上，申告納税額に影響を与えるものではありませんので，特に問題が生じるものではないと考えます。

図表６－４　会計システムと請求システムで消費税額が異なるケース（イメージ図）

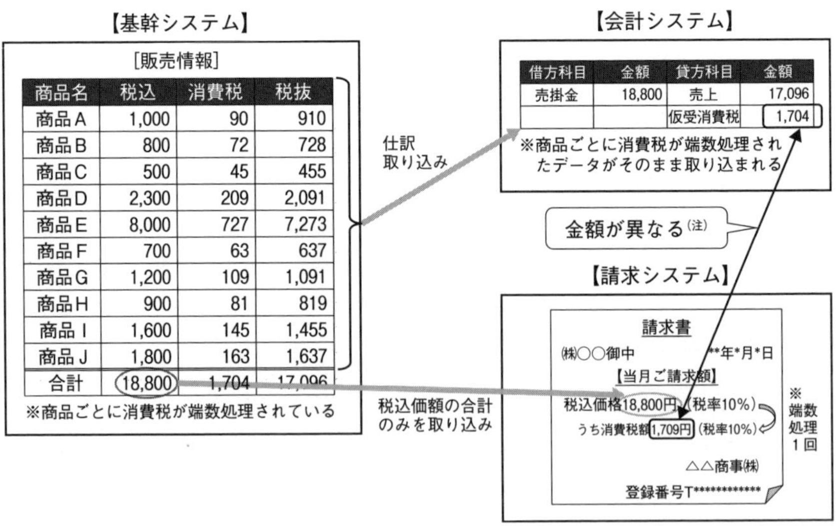

商品名	税込	消費税	税抜
商品A	1,000	90	910
商品B	800	72	728
商品C	500	45	455
商品D	2,300	209	2,091
商品E	8,000	727	7,273
商品F	700	63	637
商品G	1,200	109	1,091
商品H	900	81	819
商品I	1,600	145	1,455
商品J	1,800	163	1,637
合計	18,800	1,704	17,096

借方科目	金額	貸方科目	金額
売掛金	18,800	売上	17,096
		仮受消費税	1,704

（注）　割戻し計算により消費税申告を行う場合には，納税額に影響はない。

Q8　割引券の利用がある場合の簡易インボイスの記載

Q	当社は小売業を営む事業者です。軽減税率（８％）適用対象商品と一般税率（10%）の商品を同時に販売し，割引券の利用により合計金額から一括値引きをする場合の計算方法と，簡易インボイスの記載方法を教えてください。
A	• 適用税率ごとの値引額が明らかでないときは，値引き前の価額の比率により按分します。 • どちらか一方の適用税率からのみ値引きすることも可能です。 • 税抜価額または税込価額を税率ごとに区分して合計した金額は，値引き後の金額を記載する必要があります。 • 値引き後の金額ではなく，税率ごとの値引き前の金額と，税率ごとの値引額を記載する方法でも可能です。

解　説

１．一括値引きの取扱い

飲食料品（軽減税率適用資産）と飲食料品以外の資産を同時に譲渡し，割引券等の利用により，その合計額から一括して値引きを行う場合，税率ごとに区分した「値引き後の課税資産の譲渡等の対価の額」に対してそれぞれ消費税が課されることとなります。そのため，簡易インボイスにおける税率ごとの税抜価額または税込価額の合計額は，値引き後のものを明らかにする必要があります。

なお，税率ごとに区分された「値引き前の税抜価額または税込価額」と，税率ごとに区分された「値引額」が簡易インボイスで明らかになっている場合は，これらにより値引き後の税抜価額または税込価額を税率ごとに区分して合計した金額が確認できるため，インボイスの記載事項を満たすものとして取り扱われます（インボイスQ&A問67）。

2．値引額の計算方法

一括値引きを行う場合に，適用税率ごとの値引額が明らかでないときは，値引額をその資産の譲渡等に係る価額の比率により按分し，適用税率ごとの値引額を区分し，値引き後の税抜価額または税込価額を税率ごとに区分して合計した金額を算出することになります。具体的な計算方法は次のとおりです。

なお，どちらか一方の適用税率からのみ値引きすることも可能です。値引額または値引き後の税抜価額または税込価額を税率ごとに区分して合計した金額を簡易インボイスで確認できるときは，適用税率ごとに合理的に区分されているものとして取り扱うため，按分計算は不要になります。

【事例】　雑貨3,300円（税込10%），牛肉2,160円（税込８%），合計5,460円を販売し，1,000円の割引券の提示を受けた場合

(1)　値引額の按分計算

①　雑貨（10%対象）

$$1{,}000 \times \frac{3{,}300}{5{,}460} \fallingdotseq 604$$

②　牛肉（８%対象）

$$1{,}000 \times \frac{2{,}160}{5{,}460} \fallingdotseq 396$$

(2)　値引き後の税込価額

①　雑貨（10%対象）

3,300－604＝2,696円

②　牛肉（８%対象）

2,160－396＝1,764円

（出典：インボイスQ&A問67）

3．簡易インボイスの記載方法

一括値引きを行った場合の簡易インボイスの記載方法としては，次のようなものがあります。

【事例】 雑貨3,300円（税込10％），牛肉2,160円（税込８％），合計5,460円を販売し，1,000円の割引券の提示を受けた場合

⑴　値引き後の税込価額を税率ごとに区分して合計した金額で記載する方法

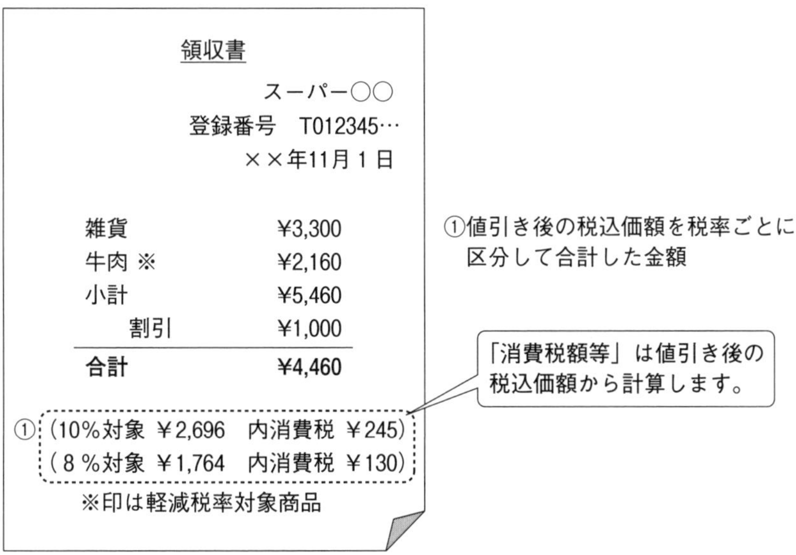

⑵　値引き前の税込価額を税率ごとに区分して合計した金額と，税率ごとの値引額を記載する方法

領収書

スーパー〇〇
登録番号　T012345…
××年11月１日

雑貨	¥3,300
牛肉 ※	¥2,160
小計	¥5,460
（10％対象	¥3,300）①
（８％対象	¥2,160）
割引	¥1,000
（10％対象	¥604）②
（８％対象	¥396）
合計	¥4,460
（10％対象消費税	¥245）
（８％対象消費税	¥130）

※印は軽減税率対象商品

①値引き前の税込価額を税率ごとに区分して合計した金額

②税率ごとの値引額

※①及び②の記載がそれぞれある場合，値引き後の「税込価額を税率ごとに区分して合計した金額」の記載があるものとして取り扱われます。

「消費税額等」は値引き後の税込価額から計算します。

（出典：インボイスQ&A問67）

Q9　口座振替を利用している場合のインボイスの交付

Q

当社は不動産賃貸業を営んでいる適格請求書発行事業者です。月額賃料は定額で口座振替により受領しており領収証や請求書等の書類は発行しておりません。インボイス制度開始後はインボイスの交付が必要でしょうか。

A

- 賃借人から求められた場合はインボイスの交付が必要です。
- 一定期間分の取引をまとめたインボイスを交付することも可能です。
- インボイスは交付せず，インボイスに必要な記載事項を契約書に記載するなどして対応する方法も可能です。

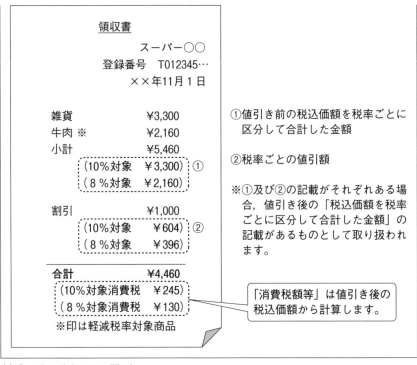

解 説

1．口座振替・口座振込における適格請求書（インボイス）の交付方法

不動産賃貸料，顧問料，業務委託料やリース料など，毎月定額の報酬・料金を請求する場合には，契約書で毎月定額の報酬・料金を定め，口座振替や口座振込で代金を受領し，請求書・領収証等は交付しないというケースも多いのではないかと思います。

このような場合でも，インボイス制度開始後，取引先である買手側が仕入税額控除を受けるためには，貴社が交付するインボイスの保存が必要となりますので，貴社においては交付方法を検討する必要があります。

インボイスは取引の都度ではなく一定期間の取引をまとめて交付するということも認められます。また，インボイスとして必要な記載事項は，一の書類だけですべてが記載されている必要はなく，複数の書類で記載事項を満たすことも可能です（インボイスQ&A問93）。貴社及び相手先にとって負担の少ない方法を選択するとよいでしょう。

2．複数の書類で記載事項を満たす方法

複数の書類でインボイスの記載事項を満たす場合には，それらの書類全体でインボイスの記載事項を満たすことになります。具体的には，契約書に登録番号など取引年月日以外の必要事項を記載しておき，実際の取引年月日については取引先である買手側が通帳や振込明細書等を併せて保存することで，仕入税額控除の要件を満たすこととなります（買手側の対応は§8. Q9参照）。

なお，インボイス制度開始前にすでに締結済みの契約については，契約書を巻き直す必要はなく，覚書等の追加書類により登録番号等を通知する方法も可能です。

いずれにしても，インボイス制度開始後の運用方法については，事前に取引先との協議が必要であると考えられます。

Q10 売手負担の振込手数料に係るインボイスの取扱い

Q	売手である当社が負担する振込手数料についてもインボイスを交付する必要があるのでしょうか。対応方法を教えてください。
A	• インボイス制度導入後は，少額の振込手数料についても一定の場合を除きインボイスの交付・保存が必要になります。 • 売手負担の振込手数料は，経理処理次第で対応方法が異なります。 • 売上げに係る対価の返還等とする場合は対応不要です。

解 説

1．インボイス制度導入後の振込手数料の取扱い

インボイス制度開始前においては，支払対価の額が３万円未満の課税仕入れは帳簿のみの保存で仕入税額控除を適用することができますが，インボイス制度導入後はこの取扱いが廃止されるため，少額の振込手数料についても，すべてインボイスの交付・保存義務が生じる予定でした。

しかし，令和５年度税制改正により，少額の値引き等（税込１万円未満）については適格返還請求書（返還インボイス）の交付義務を不要とする見直しが行われたため，売手負担の振込手数料については，経理処理方法によって対応方法が異なることになります。

2．振込手数料を売手負担とする場合の対応方法

売上代金が入金される際の振込手数料については，買手が負担するケースだけでなく，契約等の取決めにより売手が負担するケースもあります。インボイス制度導入後は，実際に振込みを行う買手に対してインボイスが交付されるため，振込手数料を売手負担とする場合には，経理処理方法ごとに以下のような対応が必要になります。それぞれに記載した処理例は，売掛金110,000円の回収に伴い，660円の振込手数料を差し引かれ，109,340円が入金された取引を前提としています。

(1)　売上げに係る対価の返還等とする場合

売手が振込手数料相当額の売上値引きをしたものとして，売上げに係る対価の返還等として処理する場合は，対価の返還等の金額が税込１万円未満については返還インボイスの交付義務が免除されるため，何ら対応をする必要はありません。

【処理例（税込）】

（借）	現　預　金	109,340円	（貸）	売　掛　金	110,000円
	売 上 値 引	660円			

(2)　売手側の支払手数料とする場合①（仕入明細書による対応）

買手から手数料相当額の役務提供を受けたものとして整理する場合は，買手に対して仕入明細書を交付し，その仕入明細書について買手の確認を受けることで，売手側において仕入税額控除を行うことができます。

なお，基準期間の課税売上高が１億円以下等の事業者については，令和５年10月１日から６年間に限り，１万円未満の課税仕入れについてインボイスの保存を不要とする，いわゆる少額特例の対象となる場合は何ら対応は必要ありません。

【処理例（税込）】

（借）	現　預　金	109,340円	（貸）	売　掛　金	110,000円
	手　数　料(※)	660円			

（※）　買手に対する手数料。

(3)　売手側の支払手数料とする場合②（立替金精算書による対応）

売手が負担する振込手数料を買手が立替払いしたと整理する場合は，売手側は買手から立替払いの事実を証する書類を受領する必要があります。具体的には，買手が銀行から受領した振込手数料に係るインボイスと立替金精算書等を買手から受領し保存することで，売手側において仕入税額控除を行うことができます（インボイス通達４－２）。

なお，買手がATMで振込みを行った場合は，金融機関のATMによる手数料を対価とするサービスに該当し，３万円未満であれば帳簿のみの保存で仕入税額控除が認められるため，インボイスのコピー及び立替金精算書等の保存は不要となります（インボイスQ&A問47）。

【処理例（税込）】

（借）	現 預 金	109,340円	（貸）	売 掛 金	110,000円
	手 数 料（※）	660円			

（※） 金融機関に対する手数料。

⑷ 会計上は支払手数料として処理し，消費税法上は対価の返還等として取り扱う場合

売手において，会計上は支払手数料として処理した場合であっても，消費税法上は対価の返還等として取り扱うことが可能です。この場合には，上記⑵⑶のような対応は不要となり，上記⑴と同じ対応になります。

なお，当該支払手数料を対価の返還等として取り扱う場合には，帳簿上の要件設定やコード表，消費税申告の際に作成する帳票等により，対価の返還等として取り扱うことを明らかにしておく必要があります（財務省インボイスQ&A問18）。

【処理例（税込）】

（借）	現 預 金	109,340円	（貸）	売 掛 金	110,000円
	手 数 料（※）	660円			

（※） 消費税申告上は売上値引として取り扱う。

Q11　任意組合の組合員におけるインボイスの交付方法

Q	私は法律事務所に所属する弁護士です。当法律事務所は，所属する弁護士の任意組合契約による組織であり，私もその組合員です。インボイス制度導入にあたり，私個人としては適格請求書発行事業者として登録をしましたが，法律事務所として何か手続きを行う必要はありますか。また，インボイスの様式作成上，留意点はありますか。
A	• すべての組合員が適格請求書発行事業者であり，かつ，一定の届出を行った場合に限り，組合事業に係る取引についてインボイスを交付することができます。この場合，いずれかの組合員がインボイスの交付を行うことができ，その交付した組合員が写しの保存を行います。 • 届出内容に変更があった場合や任意組合等が解散した場合には，それぞれ届出が必要です。

解　説

1．任意組合等に係る事業のインボイスの交付

任意組合等(注)がその任意組合等の事業として行う課税資産の譲渡等については，その任意組合等の組合員のすべてが適格請求書発行事業者であり，かつ，業務執行組合員が，納税地を所轄する税務署長に対し，組合契約書等の写しを添付した「任意組合等の組合員の全てが適格請求書発行事業者である旨の届出書」を提出した場合に限り，インボイスを交付することができます（消法57の6①，消令70の14①②）。この場合，任意組合等のいずれかの組合員がインボイスを交付することができ，その写しの保存は，インボイスを交付した組合員が行うこととなります。

インボイスを交付できるのは，届出書の提出があった日以後の取引とされるため，インボイス制度開始後に新たに組合を組成する場合には，届出が遅れないように留意する必要があります。

（注）　任意組合等

民法第667条第１項に規定する組合契約によって成立する組合，投資事業有限責任組合契約に関する法律第２条第２項に規定する投資事業有限責任組合もしくは有限責任事業組合契約に関する法律第２条に規定する有限責任事業組合または外国の法令に基づいて設立された団体であってこれらの組合に類似するものをいいます。

2．任意組合等が交付するインボイスの記載事項

任意組合等が交付する適格請求書に記載する「適格請求書発行事業者の氏名又は名称及び登録番号」は組合員全員のものを記載することが原則ですが，次の(1)及び(2)を記載することも認められます（消令70の14⑤）。

(1)　任意組合等のいずれかの組合員の「氏名又は名称及び登録番号」（一又は複数の組合員の「氏名又は名称及び登録番号」で構いません。） (2)　任意組合等の名称

3．届出内容に変更があった場合

上記**1**の届出書に記載した事項（任意組合等の名称，事務所等の所在地，組合員の名称等）に変更があったときは，業務執行組合員は，納税地の所轄税務署長に対し，「任意組合等の組合員の全てが適格請求書発行事業者である旨の届出事項の変更届出書」を速やかに提出しなければなりません（消令70の14③）。

4．インボイスの交付ができなくなる場合

次の場合に該当することとなったときは，該当することとなった日以後の取引について，インボイスを交付することができなくなるため注意が必要です。

(1)　適格請求書発行事業者でない新たな組合員を加入させた場合 (2)　任意組合等の組合員のいずれかが適格請求書発行事業者でなくなった場合

これらの場合に該当することとなったときは，業務執行組合員は，納税地の

所轄税務署長に対し，「任意組合等の組合員が適格請求書発行事業者でなくなった旨等の届出書」を速やかに提出しなければなりません（消法57の6②）。

したがって，組合としてインボイスの交付を継続するためには，新たな組合員が加入する前に，当該組合員に登録をしてもらう必要があります。手続きの順序を誤るとインボイスの交付ができなくなる可能性がありますので，留意が必要です。

5．任意組合等が解散した場合

任意組合等が解散し，かつ，その清算が結了した場合には，清算人は，業務執行組合員の納税地の所轄税務署長に対し，「任意組合等の清算が結了した旨の届出書」を提出することが義務付けられています（消令70の14④）。

Q12　販売奨励金がある場合における返還インボイスの交付

Q	当社は取引先と販売奨励金に係る契約を締結しており，請求金額から販売奨励金を控除する方法で販売奨励金の精算を行っていますが，返還インボイスの交付は必要でしょうか。また，インボイス制度開始後も請求金額と販売奨励金について1枚の請求書で交付することは可能でしょうか。
A	• 販売奨励金は売上げに係る対価の返還等に該当するため，返還インボイスの交付が必要です。 • インボイスと返還インボイスを一の書類で交付することも可能です。

解　説

1．インボイスと返還インボイスの交付義務

販売奨励金は売上げに係る対価の返還等に該当するため，取引先に対して課税資産の譲渡等と売上げに係る対価の返還等を行っていることから，取引先に対しインボイスと返還インボイスを交付する義務があります。

なお，販売奨励金が税込１万円未満の場合は返還インボイスの交付は不要となります。

2．インボイスと返還インボイスを一の書類で交付する方法

インボイスと返還インボイスを交付する場合において，インボイスと返還インボイスそれぞれに必要な記載事項を記載して１枚の書類で交付することも可能です（インボイス通達３－16，インボイスQ&A問60）。

具体的な交付方法は以下のとおりです。

> ①　インボイスと返還インボイスに必要な記載事項をそれぞれ記載する方法
> ②　継続適用を条件として，課税資産の譲渡等の対価の額から売上げに係る対価の返還等の金額を控除した金額及びその金額に基づき計算した消費税額等を税率ごとに記載して交付する方法

図表６－５　課税資産の譲渡等の金額と対価の返還等の金額をそれぞれ記載する場合

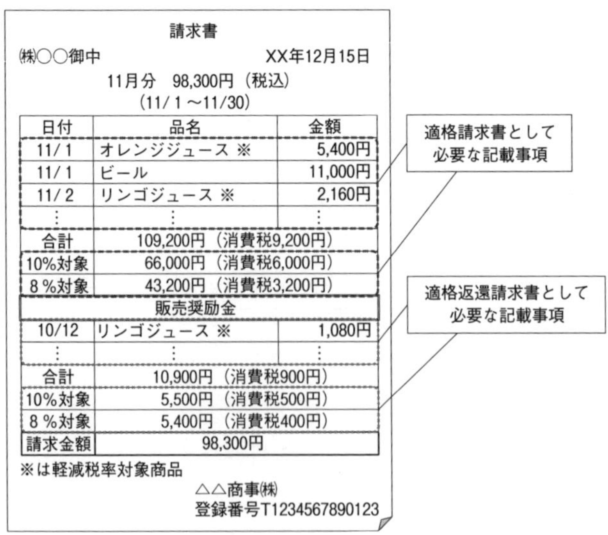

請求書

㈱○○御中　　XX年12月15日

11月分　98,300円（税込）
（11/１～11/30）

日付	品名	金額
11/１	オレンジジュース ※	5,400円
11/１	ビール	11,000円
11/２	リンゴジュース ※	2,160円
：	：	：
合計	109,200円（消費税9,200円）	
10%対象	66,000円（消費税6,000円）	
８%対象	43,200円（消費税3,200円）	
販売奨励金		
10/12	リンゴジュース ※	1,080円
：	：	：
合計	10,900円（消費税900円）	
10%対象	5,500円（消費税500円）	
８%対象	5,400円（消費税400円）	
請求金額	98,300円	

※は軽減税率対象商品

△△商事㈱
登録番号T1234567890123

（出典：インボイスQ&A問60）

図表6－6 ／ 対価の返還等を控除した後の金額を記載する場合の記載例

請求書

㈱○○御中　　　　XX年12月15日

11月分　98,300円（税込）
（11/1～11/30）

日付	品名	金額
11/1	オレンジジュース ※	5,400円
11/1	ビール	11,000円
11/2	リンゴジュース ※	2,160円
⋮	⋮	⋮
合計	109,200円（消費税9,200円）	
販売奨励金		
10/12	リンゴジュース ※	1,080円
⋮	⋮	⋮
合計	10,900円（消費税900円）	
請求金額	98,300円（消費税8,300円）	
10%対象	60,500円（消費税5,500円）	
8％対象	37,800円（消費税2,800円）	

※は軽減税率対象商品

△△商事㈱
登録番号T1234567890123

継続的に，
①課税資産の譲渡等の対価の額から売上げに係る対価の返還等の金額を控除した金額及び
②その金額に基づき計算した消費税額等を
税率ごとに記載すれば記載事項を満たします。

（出典：インボイスQ&A問60）

Q13　委託販売におけるインボイスの交付方法

Q　当社は自社商品の販売を他社に委託していますが，委託販売に係るインボイスは当社と受託者のどちらが交付するべきでしょうか。

A

- 委託者がインボイスを交付するのが原則です。
- 受託者が委託者の名称や登録番号などを記載したインボイスを交付することも認められます（代理交付）。
- 一定の要件を満たすことにより，受託者が自己の名称や登録番号などを記載したインボイスを委託者に代わって交付することができます（媒介者交付特例）。

解説

1．委託販売におけるインボイスの交付方法

委託販売の場合，購入者に対して課税資産の譲渡等を行っているのは委託者であるため，委託者が購入者に対してインボイスを交付するのが原則です。

ただし，実際に購入者と取引のやり取りをしているのは受託者であるため，インボイスの交付のみ委託者が行うことは現実的ではありません。そこで，受託者が委託者を代理して，委託者の氏名または名称及び登録番号を記載した委託者のインボイスを交付する対応も認められています（代理交付）。

また，一定の要件を満たすことにより，媒介または取次ぎを行う者である受託者が，自己の氏名または名称及び登録番号を記載したインボイスを委託者に代わって交付することができる取扱いもあります（媒介者交付特例）。

2．媒介者交付特例の適用要件

次の①及び②の要件を満たすことにより，媒介者交付特例を適用することができます（消令70の12①）。

① 委託者及び受託者が適格請求書発行事業者であること

② 委託者が受託者に，自己が適格請求書発行事業者の登録を受けている旨を取引前までに通知していること（通知の方法としては，個々の取引の都度，事前に登録番号を書面等により通知する方法のほか，委託者と受託者の基本契約書等に委託者の登録番号を記載する方法などがあります（インボイス通達３－７）。）

3．媒介者交付特例を適用する場合に必要な対応

⑴ 受託者の対応（消令70の12①③）

① 交付したインボイスの写しを保存する。

② 交付したインボイスの写しを速やかに委託者に交付する。

なお，多数の購入者に対してインボイスを交付し，コピーが大量となるなど，

インボイスの写しを交付することが困難な場合には，インボイスとの相互の関連が明確な精算書等の書類を交付する対応も認められています（**図表6－8**参照）。

⑵　委託者の対応（消令70の12④）

① 自己が適格請求書発行事業者でなくなった場合，その旨を速やかに受託者に通知する。

② 委託者の課税資産の譲渡等について，受託者が委託者に代わってインボイスを交付していることから，委託者においても，受託者から交付されたインボイスの写し（精算書等の交付を受けた場合には当該精算書等の写し）を保存する。

図表6－7　媒介者交付特例の取引図

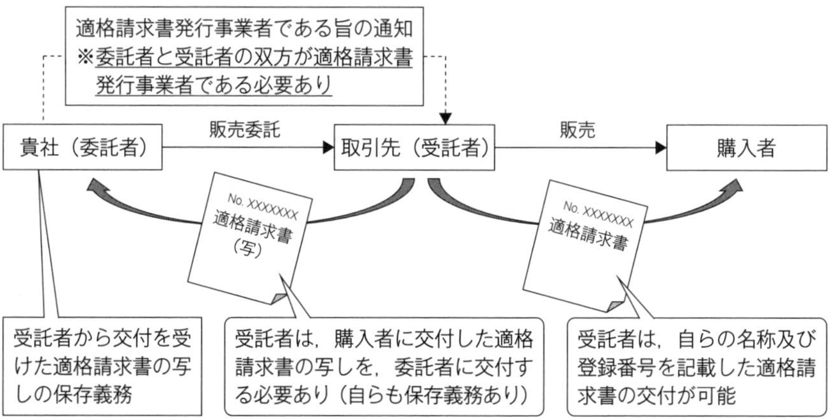

（出典：インボイスQ&A問48）

図表6－8　受託者が委託者に適格請求書の写しに替えて交付する書類（精算書）の記載例

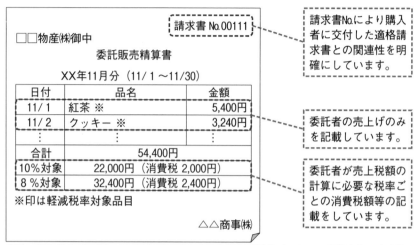

請求書 No.00111

□□物産㈱御中

委託販売精算書

XX年11月分（11/1～11/30）

日付	品名	金額
11/1	紅茶 ※	5,400円
11/2	クッキー ※	3,240円
⋮	⋮	⋮
合計	54,400円	
10％対象	22,000円（消費税 2,000円）	
8％対象	32,400円（消費税 2,400円）	

※印は軽減税率対象品目

△△商事㈱

請求書No.により購入者に交付した適格請求書との関連性を明確にしています。

委託者の売上げのみを記載しています。

委託者が売上税額の計算に必要な税率ごとの消費税額等の記載をしています。

（注）　媒介者交付特例により適格請求書の交付を行う受託者が，自らの課税資産の譲渡等に係る適格請求書の交付も併せて行う場合，自らの課税資産の譲渡等と委託を受けたものを一の適格請求書に記載しても差し支えありません。

（出典：インボイスQ&A問48）

Q14　農協等を通じて行う委託販売に係るインボイスの交付義務の免除

Q　個人で農業を営む免税事業者です。農協等を通じて行う委託販売について，インボイスの交付義務が免除される要件を教えてください。

A

- 無条件委託方式・共同計算方式により販売を委託した場合に限り，生産者はインボイスの発行義務が免除されます（農協特例）。
- 無条件委託方式・共同計算方式以外の場合には，委託販売取引として代理交付，または要件を満たせば媒介者交付特例を適用することができます。

解説

1．農協特例

農協等(注1)の組合員その他の構成員である農家や漁師等の生産者が，農協等に対して，無条件委託方式(注2)かつ共同計算方式(注3)により販売を委託した農林水産物の販売に限り，インボイスを交付することが困難な取引として，組合員等のインボイスの交付義務が免除されます（消法57の4①，消令70の9②ニロ）。

この場合に，農林水産物を購入した事業者においては，農協等が生産者に代行して発行するインボイスを保存することで仕入税額控除の適用を受けることができます。

なお，農協等が発行するインボイスには，生産者の登録番号を記載する必要がありませんので，生産者が登録事業者かどうかにかかわらず，免税事業者であっても，購入者は仕入税額控除を適用することができるため，生産者が適格請求書発行事業者として登録をする必要はありません。

（注1）　農協等
- 農協協同組合法に規定する農業協同組合，農事組合法人
- 水産業協同組合法に規定する水産業協同組合
- 森林組合法に規定する森林組合
- 中小企業等協同組合法に規定する事業協同組合，協同組合連合会

（注2）　無条件委託方式（消令70の9②ニロ）

出荷した農林水産物について，売値，出荷時期，出荷先等の条件を付けずに，その販売を委託することをいいます。

（注3）　共同計算方式（消令70の9②ニロ，消規26の5②）

一定の期間における農林水産物の譲渡に係る対価の額をその農林水産物の種類，品質，等級その他の区分ごとに平均した価格をもって算出した金額を基礎として精算することをいいます。

2．無条件委託方式・共同計算方式以外の場合

上記のとおり，農協特例は無条件委託方式かつ共同計算方式により販売を委託している場合に限り特例の適用を受けることができるため，無条件委託方式・共同計算方式以外の場合には，農協特例の適用はできません。この場合，

生産者が適格請求書発行事業者の場合は，生産者自らがインボイスを発行する必要がありますが，委託販売取引として代理交付，または媒介者交付特例（要件あり。Q13参照）を適用することもできます。

Q15 外国法人のインボイス対応（消費者向け電気通信利用役務の提供）

Q	当社は外国法人で，日本の顧客（事業者以外のユーザーもいます）に対してインターネットを通じて各国の経済情報のデータベースを提供しており，登録国外事業者に該当します。インボイス制度導入にあたって，対応が必要な事項はありますか。なお，当社は日本に事業所などは有していません。
A	• 日本に事務所などを有していない外国法人との取引であっても仕入税額控除の適用にはインボイス等が必要です。 • 請求書等の様式変更等，インボイス等を発行するための準備が必要です。 • 令和５年９月１日において登録国外事業者の取消届を行っていない登録国外事業者は，令和５年10月１日以後，自動的に適格請求書発行事業者となります。

解説

インボイス制度導入後は，一定の経過措置はありますが，日本に事業所などを有しない外国法人との取引であっても，インボイス等がなければ仕入税額控除の適用を受けることができなくなります。

貴社は外国法人ですから，国外事業者に該当します。インターネットを通じたデータベース（事業者以外のユーザーもいる）を提供する取引は，事業者向けではない電気通信利用役務の提供に該当し，データベースの利用者がいる日本において消費税の納税義務が生じるものと考えられます。

ところで，登録国外事業者は令和５年９月１日において，「登録国外事業者の登録の取消しを求める旨の届出書」を提出していない場合には，令和５年10月１日において適格請求書発行事業者の登録を受けたものとみなされることとなります（平成28年消法附則45）。

したがって，インボイス制度導入に向けて貴社で必要な準備は，現在交付している請求書等の様式を変更し，インボイスとして交付できるようにしておくことになります。

Q16　外国法人のインボイス対応（事業者向け電気通信利用役務の提供）

Q	当社は外国法人で，日本の顧客（ユーザーは事業者のみです）に対してインターネットを通じて各国の経済情報のデータベースを提供しており，登録国外事業者に該当します。インボイス制度導入にあたって，対応が必要な事項はありますか。なお，当社は日本に事業所などは有していません。
A	• リバースチャージが適用される取引については，インボイス等がなくても仕入税額控除の適用が可能です。 • したがって，現在のところ貴社はインボイス等を発行する必要はないと考えられます。

解　説

貴社は外国法人ですから国外事業者に該当し，日本の事業者向けに電気通信利用役務を提供しています。

したがって，貴社の取引先は，リバースチャージ方式による消費税申告が必要となり，特定課税仕入れに関する売上税額と仕入税額を両建てして申告することになります（消法５①，29②，30①）。

特定課税仕入れに関する仕入税額控除の適用については，インボイス等の保存は要件とされていませんから，貴社は現状ではインボイス制度導入への準備は不要と考えられます。

Q17 インボイスを交付しない場合の罰則規定

Q	適格請求書発行事業者になると，取引先である課税事業者に求められた場合，インボイスを交付する義務があると聞きました。仮にインボイスを交付しなかった場合にはどのような罰則がありますか。
A	• 消費税法上の罰則規定はありません。 • 取引先との関係等を考えると，速やかにインボイスを交付する必要があると考えられます。

解　説

消費税法上は，取引先である課税事業者にインボイスの交付を求められた場合にはインボイスを交付する義務があります（消法57の４）。一方で，この義務に違反した場合の罰則規定は消費税法には定められていません。しかしながら，法令違反をしているわけですから，このような行為は取引先からの信用を失い，当該取引先との関係悪化や貴社の信用の毀損等，事業遂行に悪影響を及ぼす可能性があります。

また，取引先は貴社が適格請求書発行事業者であり，インボイスの交付があることを前提として取引や価格設定を行っている可能性があり，契約内容によってはインボイスが交付されないことによって生じた損害について賠償しなければならなくなる可能性もあります。これらのことから考えると，取引先からインボイスの交付を求められた場合には速やかにインボイスを交付することが望ましいと考えられます。

ところで，買手の立場から見ると取引先がインボイスを交付してくれなかったり，適格請求書発行事業者の登録の取消し等によってインボイスを交付することができなくなっていたりするケースも考えられますから，このようなケースにおいてどのように対応するかを契約書等にしっかりと落とし込んでおくことが重要であると考えます。

Q18 インボイスの保存方法

Q	インボイスを交付した場合，その写しを保存しなければなりませんが，保存が必要な書類や保存期間，保存場所について教えてください。
A	• 保存が必要なインボイスの写しとは，交付したインボイスをそのまま複写したものや，そのインボイスの内容が確認できる程度の記載がされているものをいいます。 • 保存期間は，交付したインボイスの写し等を交付した日の属する課税期間の末日の翌日から２か月を経過した日から７年間です。 • 保存場所は，納税地またはその取引に係る事務所，事業所その他これらに準ずるものの所在地です。

解 説

インボイスを交付した場合，交付したインボイスの写しを交付した日の属する課税期間の末日の翌日から２か月を経過した日から７年間，納税地またはその取引に係る事務所，事業所その他これらに準ずるものの所在地に保存しなければなりません。したがって，保存場所は本店所在地以外でも，支店やその他の事業所であっても問題ないものと考えられます。保存が必要なインボイスの写しとは，交付したインボイスをそのまま複写したものだけでなく，そのインボイスの内容が確認できる程度の記載がされているものも含まれます。

例えば，簡易インボイスであるレシートを発行したレジのジャーナル，インボイスの記載事項をまとめて記載した一覧表や明細表などもインボイスの写しとして保存することができます（消法57の４⑥，消令70の13，インボイスQ&A問76，77）。

Q19 インボイスと誤認されるような書類を交付した場合

Q	適格請求書発行事業者以外の者がインボイスと誤認されるような書類を交付した場合に科される罰則について教えてください。また，その他インボイスの交付に関連する罰則規定があれば教えてください。
A	• 適格請求書発行事業者以外の者がインボイスと誤認されるような書類を交付した場合には，１年以下の懲役または50万円以下の罰金が科されます。

解説

インボイスと誤認されるような書類を交付した場合には，罰則があります（なお，インボイスの交付義務に違反した場合の罰則規定はありません（Q17参照））。

適格請求書発行事業者以外の者が，インボイスであると誤認されるおそれのある書類を交付（その電磁的記録の提供も含む）することは禁止されています（消法57の５①一，三）。この規定に違反した場合，１年以下の懲役または50万円以下の罰金が科されます（消法65①四）。

また，適格請求書発行事業者が，偽りの記載をしたインボイスを交付することも禁止されています（消法57の５①二）。この規定に違反した場合も上記と同様に，１年以下の懲役または50万円以下の罰金が科されます（消法65①四）。

なお，偽りではなく，手違い等によって誤ったインボイスを交付してしまった場合，その誤りを修正したインボイスを交付する必要があります。この規定に違反した場合の罰則規定は消費税法にはありませんが，Q17同様に取引先からの信用を失う等の問題が生じる可能性があるため，速やかに修正したインボイスを交付することが望ましいと考えます。

Q20　発行したインボイスに誤りがあった場合

Q	当社が交付したインボイスに誤りがあった場合の対応方法を教えてください。
A	• インボイスを発行した事業者には，修正したインボイスを交付する義務があります。 • 売手がインボイスを再発行するのが原則です。 • 買手（取引先）が仕入明細書を作成し，売手が確認を行う方法も可能です。

解　説

1．交付したインボイスに誤りがあった場合

適格請求書発行事業者は，交付したインボイスの記載事項に誤りがあった場合，原則として，これらの書類を交付した課税事業者に対して修正したインボイスを交付する義務があります（消法57の4④⑤，インボイスQ&A問33）。

なお，買手においてインボイスの記載事項の誤りを修正した仕入明細書等を作成し，売手である適格請求書発行事業者に確認を求める方法をとることも可能です（§7. **2**参照）。

ただし，区分記載請求書等保存方式で認められていた，誤りのあるインボイス等に買手自らが追記や修正を行う方法は，適格請求書等保存方式では認められないため注意が必要です。

2．修正したインボイスの交付方法

適格請求書発行事業者が交付したインボイスに誤りがあった場合に，修正したインボイスを交付する方法として考えられるのは，以下のとおりです（インボイス通達3－17，インボイスQ&A問34）。

①　誤りがあった事項を修正し，改めて記載事項のすべてを記載したものを交付する方法

②　当初に交付したものとの関連性を明らかにし，修正した事項を明示した

ものを交付する方法

図表６－９ ／修正したインボイスの交付方法

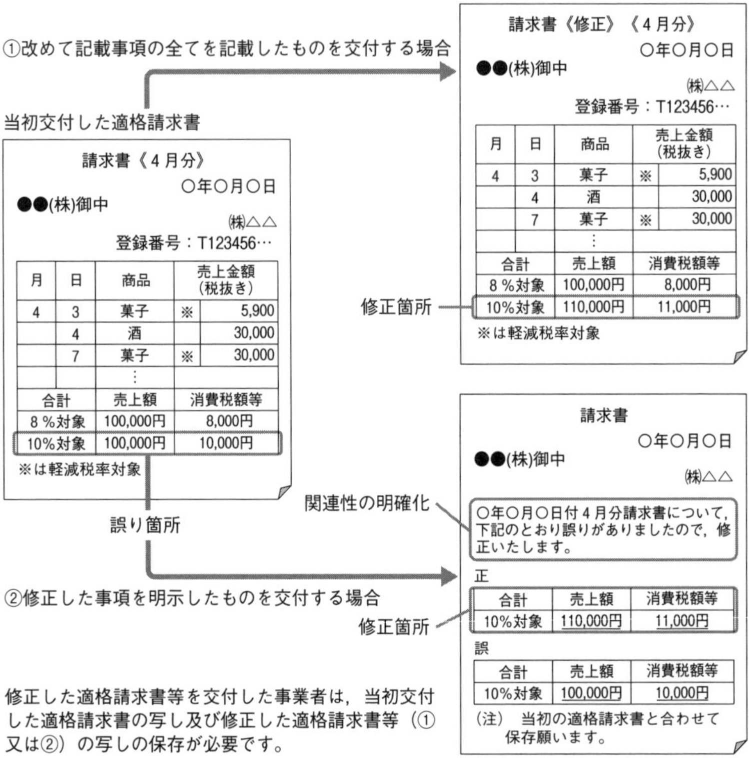

（出典：インボイスQ&A問34）

Q21 共有名義の不動産を譲渡した場合のインボイスの交付方法

Q 当社は適格請求書発行事業者ですが，適格請求書発行事業者でない個人と共有している建物を譲渡することになりました。この場合，どのようにインボイスを発行すればよいでしょうか。

A	・適格請求書発行事業者の所有割合に応じたインボイスを交付します。 ・インボイスに記載する金額は所有割合に基づき算出します。

解　説

適格請求書発行事業者が適格請求書発行事業者以外の者と資産を共有している場合，その資産の譲渡や貸付けについては，所有者ごとに取引を合理的に区分し，適格請求書発行事業者の所有割合に応じた部分について，インボイスを交付しなければなりません。

この場合において，インボイスに記載する「課税資産の譲渡等に係る税抜価額又は税込価額を税率の異なるごとに区分して合計した金額」及び「消費税額等」は，発行事業者の所有割合（持分など）に係る資産の譲渡等の金額に基づき算出することになります（インボイス通達３－５，インボイスQ&A問51）。

Q22　売上税額の計算方法の選択

Q	売上税額の計算方法には，割戻し計算と積上げ計算がありますが，どちらを選んだらよいのでしょうか。
A	・売上税額の計算方法の原則は「割戻し計算」です。 ・消費税額等の端数処理を切捨てにしている場合は，特例の「積上げ計算」が有利です。 ・売上税額の計算で「積上げ計算」を採用した場合は，仕入税額の計算も「積上げ計算」をする必要があります。

解　説

１．割戻し計算（原則）

税率ごとに区分した課税期間中の課税資産の譲渡等の税込金額の合計額に100/110（軽減税率の場合は100/108）を乗じて計算した税率ごとの課税標準額

に7.8%（軽減税率の場合は6.24%）を乗じて売上税額を計算します。

2．積上げ計算（特例）

交付したインボイスの写しを保存している場合（電磁的記録を保存している場合を含む）には，交付したインボイスに税率ごとの消費税額等の合計額に78/100を乗じて売上税額を計算することができます。ただし，簡易インボイスの記載事項のうち「適用税率又は税率ごとに区分した消費税額等」について，「適用税率」のみを記載して交付している場合には，税率ごとの消費税額等の記載がないため「積上げ計算」を行うことはできません。インボイスに記載する消費税額等の端数処理を切捨てにしている場合には，「積上げ計算」を採用したほうが売上税額少なくなるため税負担を軽減する効果があります。ただし，売上税額の計算で「積上げ計算」を採用した場合には，仕入税額の計算で「割戻し計算」を採用することはできないため注意が必要です。

なお，売上税額の計算について新たに「積上げ計算」を採用し，仕入税額の計算を「割戻し計算」から「積上げ計算」に変更する場合には，事務負担の増加や仕入税額が不利にならないか等も考慮したうえで，総合的にメリットがあるかどうかの検討が必要です。

3．積上げ計算の主な留意点

(1) インボイスの交付の範囲

スーパーマーケット等の小売業においては，顧客がレシート（簡易インボイスの要件を満たしているものとする）を受け取らないようなケースも考えられます。このような「物理的な交付ができないケース」や「交付を求められたとき以外レシートを出力していないケース」においても，その簡易インボイスの写しを保存していれば，「交付したインボイスの写しの保存」があるものとして，売上税額の積上げ計算を行うことができます（インボイスQ&A問117）。

⑵ 仕入明細書を受領した場合

取引当事者間での取決め等により仕入明細書により代金の支払いが行われる場合，売手側はインボイスを交付することができず，積上げ計算の要件である「交付したインボイスの写し」を保存することができません。このような場合であっても，仕入明細書に記載されている事項の確認にあたって仕入明細書を受領しており，かつ受領した仕入明細書をインボイスの写しと同様の方法により保存している場合には，「交付したインボイスの写しの保存」があるものとして，売上税額の積上げ計算を行うことができます（インボイスQ&A問118)。

⑶ 媒介者交付特例を適用する場合

委託販売における媒介者交付特例（Q13参照）を適用し受託者がインボイスを交付する場合，受託者においては，交付したインボイスの写しを委託者に交付する義務があり，委託者においても，受託者から交付されたインボイスの写しを保存する義務があります。したがって，受託者からインボイスの写しの交付を受け保存している場合には，売上税額の積上げ計算を行うことができます。

なお，受託者が買手に交付するインボイスについて，複数の委託者の商品を販売する場合や，多数の購入者に対して日々インボイスを交付する場合などにより，委託者に交付するコピーが大量になるなど，インボイスの写しそのものを交付することが困難な場合には，インボイスの写しと相互の関連が明確な精算書等の書類を交付することも認められています（インボイス通達３－８)。この場合には，受託者から交付される精算書等に記載されている「税率ごとの消費税額等」を基に売上税額の積上げ計算を行うことができます（インボイスQ&A問119)。

⑷ 課税期間をまたぐインボイスを交付する場合

請求書の締め日を20日としているような場合，３月決算法人が３月21日から４月20日までの売上げを請求するような，課税期間をまたいだインボイスを発行する場合，インボイスに翌課税期間の「税率ごとの消費税額等」が記載されているため積上げ計算をすることはできません。このようなケースで積上げ計算をする場合は,「税率ごとの消費税額等」を「3月21日から3月31日」と「4月1日から4月20日」に区分して記載する等の対応が必要になります(インボイスQ&A問122)。

4．仕入税額の計算方法との関係

売上税額と仕入税額の計算方法をまとめると**図表6－10**のとおりです。

図表6－10／売上税額と仕入税額の計算方法

売上税額	仕入税額
【割戻し計算】(原則) 売上税額は,税率の異なるごとに区分した課税標準である金額の合計額にそれぞれ税率を掛けて計算します。 この方法を採用する場合,仕入税額は積上げ計算(原則)又は割戻し計算(特例)のいずれかを選択することができます。	【積上げ計算】(原則) 仕入税額は,原則として適格請求書等に記載された消費税額等を積み上げて計算します。 【割戻し計算】(特例) 課税期間中に国内において行った課税仕入れに係る支払対価の額を税率の異なるごとに区分した金額の合計額にそれぞれの税率に基づき割り戻し,仕入税額を計算することもできます。
【積上げ計算】(特例) 相手方に交付した適格請求書等の写しを保存している場合(適格請求書に係る電磁的記録を保存している場合を含みます。)には,これらの書類に記載した消費税額等を積み上げて売上税額を計算することができます。	【積上げ計算】(原則) 仕入税額は,原則として適格請求書等に記載された消費税額等を積み上げて計算します。 売上税額の計算において「積上げ計算」を選択した場合,仕入税額の計算では「割戻し計算」を適用することはできません。

(出典：インボイスQ&A問115)

§7 買手の立場からみたインボイス制度

インボイス制度は，取引の売手に対し適格請求書等の交付を義務付けるとともに，買手に対しては交付を受けた適格請求書等に基づき仕入税額控除を認める制度となっています。本セクションでは仕入側の事業者である買手の立場から，インボイス制度における仕入税額控除の適用要件及び仕入税額の計算方法に加え，請求書の交付がない取引先がある場合の買手としての対応について解説をします。

1 仕入税額控除の要件

⑴ 概 要

インボイス制度開始前における区分記載請求書等保存方式では，「一定の事項が記載された帳簿及び請求書等の保存」が買手における仕入税額控除の要件とされています。

インボイス制度導入後においても，帳簿及び請求書等の保存は引き続き仕入税額控除の要件とされますが，保存すべき請求書等が区分記載請求書等から「適格請求書等」へ変更されます（消法30⑦）。

免税事業者や一般消費者などの適格請求書発行事業者以外の者は，この「適格請求書等」を発行することができません。したがって，原則として適格請求書発行事業者以外の者から仕入れを行った場合には，適格請求書等の交付を受けることができず，その保存要件を満たせないことから，買手において仕入税額控除の適用を受けることはできなくなります（一定期間は経過措置あり）。

図表７－１　／仕入税額控除の適用要件の比較

保存すべきもの	～令和５年９月30日 区分記載請求書等保存方式	令和５年10月１日～ インボイス制度
帳簿	一定の事項が記載された帳簿の保存	左記と同様（変更なし）
請求書等	区分記載請求書等の保存	適格請求書等の保存

なお，適格請求書等の保存の要件は，消費税額の計算を原則制度に基づき計算する場合の適用要件であり，簡易課税制度により消費税額の計算をする場合には，仕入税額控除の適用要件とはなりません。

⑵　保存すべき請求書等の範囲

①　保存すべき請求書等

インボイス制度における仕入税額控除の要件である保存すべき請求書等とは，**図表７－２**の書類等をいいます（消法30⑨）。

図表７－２　／インボイス制度における保存すべき請求書等

	保存すべき請求書等	備　考
イ	適格請求書または適格簡易請求書	適格請求書発行事業者である売手から交付を受けるもの。
ロ	仕入側の買手が作成する仕入明細書，仕入計算書その他の書類	適格請求書の記載事項が記載され，相手方（売手）の確認を受けたもの。
ハ	右記の取引について，媒介または取次に係る業務を行う者が作成する一定の書類	・卸売市場において出荷者から委託を受けて卸売の業務として行われる生鮮食料品等の販売。 ・農業協同組合等が生産者から委託を受けて行う一定の農林水産物の販売。
ニ	イからハの書類の記載事項に係る電磁的記録	消費税法上は電子帳簿保存法の要件を満たす保存方法ではなく，出力した書面を保存することも認められる。

②　適格請求書の記載事項

仕入側の事業者である買手にとっては，通常，売手に対して上記①**図表７－２イ**の適格請求書（または適格簡易請求書）の交付を求めることになります。交付を受ける適格請求書（または適格簡易請求書）には，**図表７－３**の事項が記載されている必要がありますが，仮にその記載事項に誤りがあった場合には，売手に対してその修正を求め，修正後の適格請求書（または適格簡易請求書）を保存する必要があります。

なお，適格請求書の記載事項の詳細は§5. **2**を参照してください。

図表７－３　／適格請求書の記載事項

	適格請求書の記載事項	備　考
イ	適格請求書発行事業者の氏名又は名称及び登録番号	（※１）　下線部分が区分記載請求書等保存方式から追加された項目である。 （※２）　適格簡易請求書の記載事項は以下のとおりである。 イ～ハ：左記のとおり ニ：適用税率は不要 ホ：税率ごとに区分した消費税額等または適用税率 ヘ：不要
ロ	課税資産の譲渡等を行った年月日	
ハ	課税資産の譲渡等に係る資産又は役務の内容（課税資産の譲渡等が軽減対象資産の譲渡等に係るものである場合には，資産の内容及び軽減対象資産の譲渡である旨）	
ニ	課税資産の譲渡等の税抜価額又は税込価額を税率ごとに区分して合計した金額及び適用税率	
ホ	税率ごとに区分した消費税額等	
ヘ	書類の交付を受ける事業者の氏名又は名称	

また，区分記載請求書等保存方式においては，売手から交付された請求書等に，軽減税率の対象品目である旨や税率ごとに区分して合計した税込対価の額の記載がないときは，これらの項目に限って，交付を受けた事業者（買手）自らが，その取引の事実に基づき追記することができますが，インボイス制度の開始後はこのような追記をすることはできません。

(3) 保存すべき帳簿の記載事項

インボイス制度においても保存すべき帳簿への記載事項は以下のとおりであり，区分記載請求書等保存方式の下での帳簿の記載事項と同様であり，変更はありません（消法30⑧一）。

なお，消費税法上の保存すべき帳簿とは，仕訳帳や総勘定元帳に限られません。必要な事項（**図表７－４**参照）を整然と記載した書類であれば，消費税法上の保存すべき帳簿に該当します。

図表７－４　保存すべき帳簿への記載事項

イ	課税仕入れの相手方の氏名又は名称
ロ	課税仕入れを行った年月日
ハ	課税仕入れに係る資産又は役務の内容（課税仕入れが他の者から受けた軽減対象資産の譲渡等に係るものである場合には，資産の内容及び軽減対象資産の譲渡等に係るものである旨）
ニ	課税仕入れに係る支払対価の額

(4) 帳簿のみの保存で仕入税額控除が認められる場合

① 帳簿のみの保存の特例に該当する取引

インボイス制度では，原則として適格請求書等が発行されない限り，仕入税額控除を適用することができません。ただし，例外的に適格請求書等の交付が困難である等の理由により，その交付義務が課されていない取引（**図表７－５**参照）については，仕入側の事業者である買手において一定の事項を記載した帳簿のみの保存で仕入税額控除の適用が認められます（消令49①，消規15の４）。

図表7－5 ／帳簿のみの保存の特例に該当する取引

	帳簿のみの保存の特例に該当する取引	備　考
イ	適格請求書の交付義務が免除される3万円未満の公共交通機関（船舶，バスまたは鉄道・軌道）による旅客の運送	公共交通機関特例（消令49①一イ）
ロ	入場券等のうち適格簡易請求書の記載事項（取引年月日を除く）が記載されているものが，その使用の際に回収される取引（上記イに該当するものを除く）	入場券等回収特例（消令49①一ロ）
ハ	適格請求書発行事業者でない者から取得等する右記の資産に係る取引（その取得した資産が棚卸資産に該当する場合に限る）	a：古物営業を営む者が購入する古物 b：質屋を営む者が取得する質物 c：宅地建物取引業を営む者が購入する建物 d：再生資源卸売業その他不特定かつ多数の者から再生資源等に係る課税仕入れを行う事業を営む者が取得する再生資源及び再生部品 （消令49①一ハ）
ニ	適格請求書の交付義務が免除される3万円未満の自動販売機及び自動サービス機からの商品の購入等	自動販売機特例（消令49①一ニ，消規15の4一）
ホ	適格請求書の交付義務が免除される郵便切手類のみを対価とする郵便・貨物サービス（郵便ポストに差し出されたものに限る）	（消令49①一ニ，消規15の4一）
ヘ	従業員等に支給する通常必要と認められる出張旅費等（出張旅費，宿泊費，日当及び通勤手当）	出張旅費特例（消令49①一ニ，消規15の4二～三）

②　帳簿のみの保存で仕入税額控除が認められる場合の帳簿への一定の記載事項

上記①における一定の事項を記載した帳簿には，上記(3)の記載事項に加え，以下の事項の記載が必要となります。

- 帳簿のみの保存で仕入税額控除が認められるいずれかの仕入れに該当する旨
- 仕入れの相手方の住所または所在地（一定の者を除く(注)）

(注) 一定の者とは以下の者をいう（インボイス通達4－7）。
- 適格請求書の交付義務が免除される3万円未満の公共交通機関（船舶，バスまたは鉄道）による旅客の運送について，その運送を行った者
- 適格請求書の交付義務が免除される郵便役務の提供について，その郵便役務の提供を行った者
- 課税仕入れに該当する出張旅費等（出張旅費，宿泊費，日当及び通勤手当）を支払った場合の当該出張旅費等を受領した使用人等
- 前掲**図表7－5**ハaからdの課税仕入れ（aからcに係る課税仕入れについては，古物営業法，質屋営業法または宅地建物取引業法により，業務に関する帳簿等へ相手方の氏名及び住所を記載することとされているもの以外のものに限り，dに係る課税仕入れについては，事業者以外の者から受けるものに限る）を行った場合の当該課税仕入れの相手方

(5) 中小事業者の少額取引に係る事務負担の軽減措置（経過措置）

① 経過措置の内容

インボイス制度では原則として少額な取引であっても適格請求書等の保存が仕入税額控除の要件となりますが，インボイス制度への円滑な移行とその定着を図る観点から，令和5年度税制改正において，以下の中小事業者が行う少額取引については，令和5年10月1日から令和11年9月30日までの間，帳簿のみの保存で仕入税額控除が認められることになりました（平成28年消法附則53の2）。

以下のいずれかに該当する事業者（中小事業者）	対象となる取引（少額取引）
基準期間における課税売上高が1億円以下の事業者	課税仕入れに係る支払対価の額（税込価額）が1万円未満の取引
特定期間における課税売上高が5,000万円以下の事業者	

② 少額取引の判定

課税仕入れに係る支払対価の額が税込1万円未満かどうかの判定は，一商品

ごとの判定ではなく，1回の取引単位で判定することになります（消基通11－6－2）。

③　特定期間における課税売上高の判定

特定期間における課税売上高が5,000万円以下かどうかの判定は，納税義務の判定と異なり，課税売上高に代えて，特定期間中に支払った給与等の金額によって判定することはできません。したがって，特定期間における課税売上高が5,000万円を超えた場合には，給与等の支払金額が5,000万円以下であっても，経過措置の適用はありません（基準期間における課税売上高が1億円以下の場合を除く）。

④　インボイスの保存義務の変遷

区分記載請求書等保存方式においては「3万円（税込）未満の課税仕入れ」及び「請求書等の交付を受けなかったことにつきやむを得ない理由があるとき」は，一定の事項を記載した帳簿の保存のみで仕入税額控除が認められていますが，インボイス制度ではこれらの取扱いは廃止されます。ただし，上記①のとおり令和5年度税制改正により，「中小事業者の1万円（税込）未満の課税仕入れ」については，6年間の経過措置として，仕入税額控除が認められます。

図表7－6　インボイスの保存義務

<table>
<tr><th rowspan="3">インボイスの金額の区分</th><th rowspan="3">区分記載請求書等保存方式</th><th colspan="3">インボイス制度</th></tr>
<tr><th rowspan="2">令和5年度税制改正前</th><th colspan="2">令和5年度税制改正後</th></tr>
<tr><th>中小事業者以外</th><th>中小事業者</th></tr>
<tr><td>1万円未満</td><td rowspan="2">保存義務なし</td><td rowspan="3">保存義務あり（※2）</td><td rowspan="3">保存義務あり（※2）</td><td>保存義務なし</td></tr>
<tr><td>1万円以上
3万円未満</td><td rowspan="2">保存義務あり（※2）</td></tr>
<tr><td>3万円以上</td><td>保存義務あり（※1）</td></tr>
</table>

（※1）　請求書等の交付を受けなかったことにつきやむを得ない理由があるときは保存義務なし。

（※2）　上記(4)①の公共交通機関特例等に該当する場合には保存義務なし。

2 請求書の交付のない取引先への対応

(1) 取引先の整理

インボイス制度においては，売手に対して適格請求書等の交付義務を課しており，買手はその適格請求書等に基づき仕入税額控除を適用します。しかし，すべての仕入先（売手）が適格請求書発行事業者であるとは限らず，また，適格請求書発行事業者であったとしても，実務上は適格請求書等の交付を受けない取引も想定されます。したがって，買手では**図表７－７**の整理のもと，適格請求書等の交付のない場合の仕入税額控除の適用について検討が必要です。

図表７－７ ／ 取引先ごとの仕入税額控除の判定

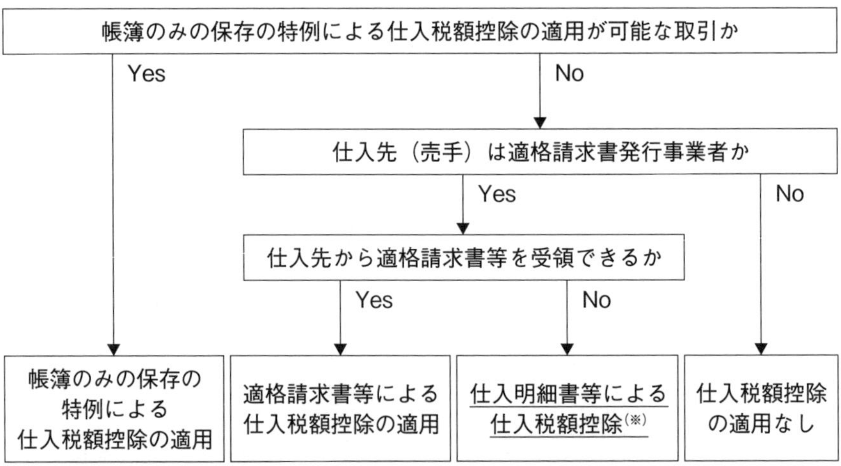

（※） 複数の書類により適格請求書の記載事項を満たす場合も仕入税額控除の適用ができる。

(2) 仕入明細書等に基づく仕入税額控除

① 買手の対応方法

売手から適格請求書または適格簡易請求書の交付がない場合において，買手側において適格請求書の記載事項が記載された仕入明細書等を作成し，売手である相手方の確認を受けたときは，その仕入明細書がインボイスに該当するため，仕入税額控除の適用ができます。買手においては取引先から適格請求書等の交付がない場合において，取引先へ適格請求書等の交付を依頼するか，または買手自身において仕入明細書を作成するか，その対応方法を検討しておく必要があります。

なお，売手の作成した適格請求書または適格簡易請求書に誤りがあった場合には，その誤りを買手側において追記や修正を行うことはできませんが，買手側においてその誤りを修正した仕入明細書等を作成し，売手の確認を受けるという対応は可能です。

以下では仕入明細書に記載すべき事項，相手方の確認方法及びその具体例を示します。

②　インボイス制度における仕入明細書の記載事項

下線部分が区分記載請求書等保存方式から追加された項目です（消法30⑨三，消令49④）。

- イ　書類の作成者の氏名又は名称
- ロ　課税仕入れの相手方の氏名又は名称及び<u>登録番号</u>
- ハ　課税仕入れを行った年月日
- ニ　課税仕入れに係る資産又は役務の内容（課税仕入れが他の者から受けた軽減対象資産の譲渡等に係るものである場合には，資産の内容及び軽減対象資産の譲渡等に係るものである旨）
- ホ　税率ごとに合計した課税仕入れに係る支払対価の額及び<u>適用税率</u>
- ヘ　<u>税率ごとに区分した消費税額等</u>

③　相手方の確認方法

仕入明細書に「送付後一定期間内に誤りのある旨の連絡がない場合には記載内容のとおり確認があったものとする」旨の通知文書等を添付する方法のほか，以下の方法により相手方に送付等し，了承を得ます（インボイス通達４－６）。

- 仕入明細書に相手方の確認の事実を明らかにするものとして署名等を受ける
- 仕入明細書を電子メールで送信し，相手方より確認をした旨の返信を受ける
- 受発注に係るオンラインシステムで相手方の確認を受ける機能を設ける

④　インボイス制度における仕入明細書の具体例

仕入明細書の記載例は**図表７－８**のようになります。

図表７－８／仕入明細書の記載例

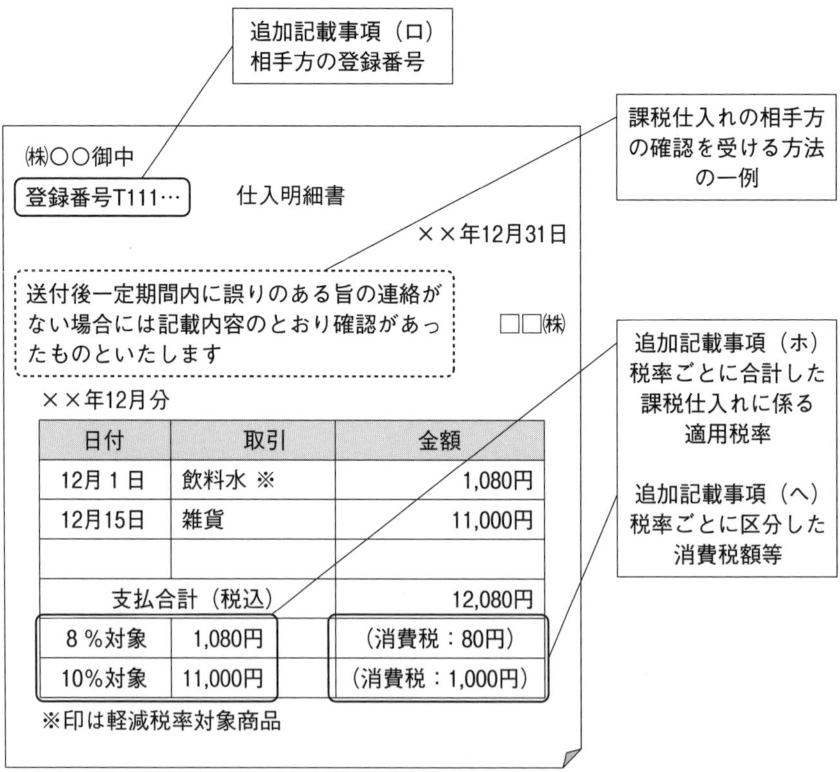

(3)　複数の書類により適格請求書の記載事項を満たす場合の仕入税額控除

適格請求書として必要な記載事項は，一の書類だけですべてが記載されている必要はありません。複数の書類で記載事項を満たせば，それらの書類全体で適格請求書の記載事項を満たすこととされています。

例えば，契約書に適格請求書として必要な記載事項の一部が記載されており，実際に取引を行った事実を客観的に示す書類とともに保存しておけば，仕入税額控除の要件を満たすことになります。

したがって，口座振替や口座振込によって経費の支払いが行われる場合にも，契約書，通帳，銀行により発行される書類によって適格請求書として必要な記載事項を満たすことができれば，仕入税額控除を受けることができます。

このような対応は仕入先（売手）が適格請求書発行事業者であることを確認したうえで，適格請求書の交付が受けられない場合の対応方法ですが，取引の中途で取引の相手方が適格請求書発行事業者でなくなる場合もあり，その旨の連絡がない場合にはその事実を把握することは困難となります。したがって，必要に応じて「国税庁適格請求書発行事業者公表サイト」で相手方が適格請求書発行事業者か否かの確認が必要です。

なお，適格請求書は，一定期間の取引をまとめて交付することもできますので，仕入先（売手）から一定期間の経費につき合計金額によって適格請求書の交付を受け，それを保存するといった対応も可能です。現状で請求書の交付のない仕入先（売手）について，複数の書類で適格請求書の記載事項を満たすという対応はその管理が煩雑となりますので，何らかの形式で１枚の適格請求書の交付を受けることができないか，事前に協議することが望ましいと考えられます。

図表７－９　／　複数の書類で適格請求書の記載事項を満たす場合

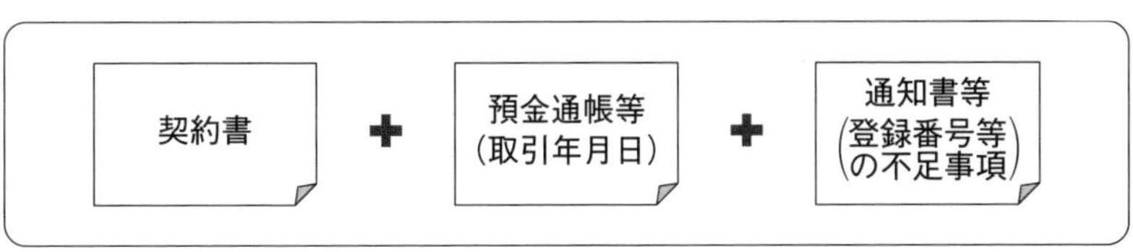

3 申告・経理業務への影響

(1) 積上げ計算と割戻し計算

① 仕入税額控除の計算方法

インボイス制度における仕入税額控除の計算方法は，積上げ計算（請求書等積上げ方式）が原則的な計算方法とされています。これは適格請求書の保存が仕入税額控除の要件となることから，その適格請求書に記載されている消費税額に基づき計算するというインボイス制度の趣旨に沿うものです。

一方で，従来の実務慣行等への配慮から帳簿積上げ方式または割戻し計算が特例として認められています。この点，区分記載請求書等保存方式の下での仕入税額控除の計算は概ね割戻し計算によって行われているものと考えられますが，インボイス制度においても引き続き割戻し計算が認められます。

ただし，区分記載請求書等保存方式では仕入税額控除の計算方法について特段の制限はありませんでしたが，インボイス制度においては売上税額の計算を積上げ計算により行う場合には，仕入税額の計算において割戻し計算を適用することはできません。

積上げ計算（請求書等積上げ方式，帳簿積上げ方式）及び割戻し計算の計算方法は**図表７－10**のとおりです（消法30①）。

図表７－10 ／ 積上げ計算及び割戻し計算の計算方法

<table>
<tr><th colspan="2">計算方法</th><th>仕入税額の計算式</th><th>留意点</th></tr>
<tr><td rowspan="2">積上げ計算</td><td>【原則】
請求書等
積上げ方式
（消令46①）</td><td>適格請求書等の消費税額の合計額 × $\frac{78}{100}$</td><td>請求書等積上げ方式と帳簿積上げ方式の併用は認められるが，割戻し計算との併用は認められない。</td></tr>
<tr><td>【特例】
帳簿
積上げ方式
（消令46②）</td><td>①　課税仕入れの支払対価の額 × $\frac{10}{110}$ $\left(\frac{8}{108}\right)$ ＝仮払消費税等（注１，２）
②　①の合計額 × $\frac{78}{100}$
（注１）　１円未満の端数が生じたときは，端数を切捨てまたは四捨五入。
（注２）　課税仕入れの都度（※），仮払消費税等として帳簿に計上。</td><td>（※）　課税仕入れに係る適格請求書の交付を受けた際に，その適格請求書を単位として帳簿に仮払消費税等として計上している場合のほか，課税期間の範囲内で一定の期間内に行った課税仕入れにつきまとめて交付を受けた適格請求書を単位として帳簿に仮払消費税等として計上している場合が含まれる（インボイス通達４－４）。</td></tr>
<tr><td colspan="2">【特例】
割戻し計算
（消令46③）</td><td>課税期間の課税仕入れの合計額（税込） × $\frac{7.8}{110}$ $\left(\frac{6.24}{108}\right)$</td><td>売上税額を割戻し計算によって計算する場合に限り適用できる。</td></tr>
</table>

<table>
<tr><th>売上税額の計算方法</th><th>仕入税額の計算方法</th><th>組み合わせ</th></tr>
<tr><td rowspan="3">割戻し計算</td><td>請求書等積上げ方式（※）</td><td rowspan="3">可
（※）　請求書等積上げ方式と帳簿積上げ方式の併用も可。</td></tr>
<tr><td>帳簿積上げ方式（※）</td></tr>
<tr><td>割戻し計算</td></tr>
<tr><td rowspan="3">積上げ計算</td><td>請求書等積上げ方式（※）</td><td rowspan="2">可
（※）　請求書等積上げ方式と帳簿積上げ方式の併用も可。</td></tr>
<tr><td>帳簿積上げ方式（※）</td></tr>
<tr><td>割戻し計算</td><td>不可</td></tr>
</table>

② 請求書等積上げ方式について

請求書等積上げ方式では，次の区分に応じた金額を基として仕入税額を計算することになります（消令46①）。

イ　交付を受けた適格請求書に記載された消費税額等のうち課税仕入れに係る部分の金額
ロ　交付を受けた適格簡易請求書に記載された消費税額等のうち課税仕入れに係る部分の金額（適格簡易請求書に適用税率のみの記載があり，消費税額等が記載されていない場合は，適格請求書に消費税額等を記載する際の計算方法と同様の方法により計算した金額のうち課税仕入れに係る部分の金額）
ハ　作成した仕入明細書等に記載された消費税額等のうち課税仕入れに係る部分の金額
ニ　次の取引について，受託者から交付を受けた書類に記載された消費税額等のうち課税仕入れに係る部分の金額
- 卸売市場において委託を受けて卸売の業務として行われる生鮮食料品等の譲渡
- 農業協同組合等が委託を受けて行う農林水産物の譲渡

ホ　適格請求書の交付義務が免除される３万円未満の公共交通機関による旅客の運送など，前掲**図表７－５**に掲げる帳簿のみの保存で仕入税額控除が認められるものについては，課税仕入れに係る支払対価の額に10/110（軽減税率の対象となる場合は８/108）を乗じて算出した金額（１円未満の端数が生じたときは，端数を切捨てまたは四捨五入）

以上のとおり，請求書等積上げ方式を適用する場合には，上記の取引の類型に応じ，仕入税額控除の基礎となる消費税額を積み上げることになりますが，会計帳簿上の仮払消費税等の残高と必ずしもその金額が一致するわけではありませんので，会計帳簿とは別に仕入税額控除の基礎となる金額を管理する必要があります。

③　決算期をまたぐ場合の請求書等積上げ方式

買手が３月決算法人である場合に，仕入先（売手）であるＢ社より決算期をまたぐ適格請求書の交付を受けたときは，**図表７－11**のとおり当期及び翌期のそれぞれの課税期間に係る消費税額を算出し，積上げ計算をすることになります。

なお，帳簿積上げ方式または割戻し計算について，決算期をまたいだ適格請求書の交付を受けた場合においても，その一の適格請求書に記載された合計の課税仕入れの支払対価の額や消費税額にかかわらず，その課税期間に行った課税仕入れについて，仕入税額控除の適用ができます。

図表７－11／決算期をまたぐ場合の請求書等積上げ方式の計算例

㈱Ａ社御中

請求書

××年４月30日
Ｂ㈱　登録番号○●

××年４月分（20日締め）

日付	取引	金額
３月25日	雑貨	6,600円
４月５日	日用品	22,000円
支払合計（税込）		28,600円
８％対象	なし	なし
10％対象	28,600円	（消費税：2,600円）

請求書等積上げ方式による計算方法

（当課税期間の消費税額）
３月25日仕入分
6,600円×10/110
=600円…①

①×78/100=468円

（翌課税期間の消費税額）
４月５日仕入分
22,000円×10/110
＝2,000円…②

②×78/100＝1,560円

⑵　免税事業者との取引に係る経過措置

①　経過措置

インボイス制度においては，免税事業者のほか，消費者や適格請求書発行事業者以外の者からの課税仕入れについては仕入税額控除ができなくなりますが，一定の期間に行われた課税仕入れについては，仕入税額相当額に一定の割合を乗じた金額を仕入税額とみなして控除できる経過措置が設けられています（平成28年消法附則52，53)。

図表７－12／経過措置

期　間	免税事業者等からの課税仕入れの取扱い	
令和５年10月１日～令和８年９月30日	仕入税額相当額の80％を控除	経過措置
令和８年10月１日～令和11年９月30日	仕入税額相当額の50％を控除	経過措置
令和11年10月１日～	控除不可	—

②　経過措置の適用要件

上記①の経過措置の適用を受ける場合には，**図表７－13**に掲げる事項が記載された帳簿及び請求書等の保存が要件とされています。この内容は現行の区分記載請求書等保存方式の下での「保存すべき帳簿及び請求書等」と概ね同様となっていますが，下線部分が追加されています。

図表７－13／経過措置の適用要件

帳　簿	請求書等
①課税仕入れの相手方の氏名又は名称 ②課税仕入れを行った年月日 ③課税仕入れに係る資産又は役務の内容及び<u>経過措置の適用を受ける課税仕入れである旨</u> ④課税仕入れに係る支払対価の額	①書類の作成者の氏名又は名称 ②課税資産の譲渡等を行った年月日 ③課税資産の譲渡等に係る資産又は役務の内容 ④税率ごとに合計した課税資産の譲渡等の税込価額 ⑤書類の交付を受ける当該事業者の氏名又は名称

(3)　会計処理との関係

①　法人税の所得計算への影響

令和３年２月に国税庁より「消費税法等の施行に伴う法人税の取扱いについて」（法令解釈通達）（以下「経理通達」といいます）が改正され，インボイス制度への移行に伴う法人（及び個人）の所得金額の計算上の取扱いが明示されています。

具体的には，例えば税抜経理を採用している法人が適格請求書発行事業者以外の者から資産1,100（うち消費税100）を購入した場合の会計処理は以下のとおりになります。

インボイス制度前（改正前）	インボイス制度（改正後）
（借）資　　産　1,000　（貸）現　　金　1,100 仮払消費税等　100	（借）資　　産　1,100　（貸）現　　金　1,100

このように，税抜経理方式を採用している法人が適格請求書発行事業者以外の者から課税仕入れを行った場合，仕入税額控除の適用を受けることができないため，仮払消費税等の額はないことになります。

インボイス制度への移行は消費税のみならず，税抜経理方式を採用している法人（及び個人）の会計処理にも影響があります。なお，税込経理方式を採用している法人（及び個人）は勘定科目への影響はありませんが，課税区分の入力（課税または不課税）について注意する必要があります。

②　経過措置の取扱い

インボイス制度への移行に伴い，適格請求書発行事業者以外の者からの課税仕入れについては令和11年９月30日までの間，段階的に仕入税額控除が認められなくなりますが，その経過措置を踏まえた法人税の経理処理は以下のとおりです。

【具体例１：令和５年10月１日において免税事業者から中古自動車（固定資産）を総額220万円で購入した場合】

（借）	車　　両	204万円	（貸）	現 預 金	220万円
	仮払消費税	16万円			

仕入税額控除のできない金額（４万円）は一時の損金とはならず，車両の取得価額に含める

【具体例２：令和５年12月20日に免税事業者が経営する飲食店において接待交際費を総額22,000円支払った場合（参加者：４名）】

（借）	接待交際費	20,400円	（貸）	現　預　金	22,000円
	仮払消費税	1,600円			

仕入税額控除のできない金額（400円）を含めて交際費の判定を行う　⇒　１人当たり5,100円

§8

買手の立場からみたインボイスQ&A

Q1 買手の消費税の納税額への影響

Q	インボイス制度が開始すると，買手の消費税の納税額にどのような影響がありますか。また，消費税の納税額への影響をどのように検討すればよいですか。
A	• 年間の売上高が1,000万円以下と考えられる個人事業主や小規模な事業者への支払いに係る消費税について，買手側で仕入税額控除を適用できない可能性があります。 • これらの事業者に対する支払額の多寡を確認します。

解 説

年間の売上高が1,000万円以下と考えられる個人事業主や小規模な事業者との取引が多い場合には，その取引先のうち適格請求書発行事業者とならない取引先も一定数存在すると予想されます。下記のような取引先が多い場合は，後述するお伺い書等を用いて適格請求書発行事業者の登録状況を確認することで，買手の仕入税額控除の適用の可否がわかりますので，消費税の納税額への影響を検討することができます。

【想定される仕入先】
- 一人親方への外注
- フリーランス（個人事業主）への発注（例えば，モデル，スポーツ選手，クリエイター，SE，保険外交員，士業，ライター，デザイナー，インストラクター，講師，運送業者など）
- 小規模な飲食店での接待，飲食
- 希少商品の仕入れ
- 店舗，事務所，駐車場の賃借など

なお，一般消費者（事業を行っていない消費者）からの仕入れも原則として仕入税額控除を適用できませんが，古物営業，質屋営業，宅地建物取引業，再生資源卸売事業を営む事業者が，適格請求書発行事業者以外の者（免税事業者）から古物，質物，建物，再生資源・再生部品を当該事業者の棚卸資産として取得する場合にはインボイスの保存がなくても，一定の事項を記載した帳簿を保存することで仕入税額控除を適用することができます（リサイクルショップ，中古自動車販売業など）。

Q2　取引先のインボイスの登録状況の確認方法

Q	インボイス制度開始前に取引先のインボイスの登録状況を確認するためには，どのような方法が考えられますか。
A	• 継続的な取引先については「お伺い書」等を用いて登録状況を確認する方法が考えられます。 • 取引先が法人の場合には，取引先の法人番号により登録状況を確認することができます。

解説

1．書面による登録状況の確認

買手においてインボイス制度導入に伴う消費税の納税額への影響が大きいと見込まれる場合，取引先のインボイスの登録状況，インボイスの交付方法等について事前に把握することが重要です。

例えば，インボイス制度開始前に**図表８－１**のようなお伺い書を取引先に配布することで，インボイスの登録状況を確認するとともに，自主的な登録申請を促すことも期待できます。

図表８－１／取引先へのお伺い書（例）

●●　御中

●年●月●日
株式会社●●

インボイス制度に関するお伺い書
～適格請求書発行事業者登録番号の通知とお願いについて～

拝啓　貴社ますますご清栄のこととお慶び申し上げます。平素より格別のご高配を賜り，厚く御礼申し上げます。

さて，2023年10月よりインボイス制度の導入が予定され，仕入税額控除の要件として税務署長に申請して登録を受けた課税事業者である「適格請求書発行事業者」が交付する「適格請求書」等の保存が必要となります。そこで，弊社の適格請求書発行事業者登録番号を通知するとともに，貴社の登録番号等についてお伺いいたします。

何卒ご理解賜り，ご対応頂きますようお願い申し上げます。

敬具

記

1．弊社登録番号　T●●…

2．課税事業者のご確認及び登録番号に関するご依頼

①　現在，貴社は課税事業者又は免税事業者のいずれに該当しますか
□課税事業者に該当する　　□免税事業者に該当する

②　適格請求書発行事業者の登録状況についてお伺いします

□登録番号取得済（登録番号：＿＿＿＿＿＿＿＿＿＿＿＿＿＿）
□登録番号取得予定（取得予定時期：　年　月　日）
□登録番号を取得するかどうか検討中
□登録番号を取得する予定はない
③　貴社の適格請求書の交付の有無についてお伺いします
（上記②において登録番号取得済又は登録番号取得予定とした場合，ご回答ください）
□適格請求書を交付する予定である
□適格請求書を交付する予定はない
④　貴社のインボイス制度に関するお問い合わせ窓口

3．お問合せ先
部署氏名：●●部　●●
電話番号：●●　FAX番号：●●　メール：●●
●年●月●日までにメールまたはFAXにてご返信をお願いいたします。
以上

なお，取引先の数が多く相当の事務負担が生じる場合には，お伺い書の配布先について一定の基準（取引金額，取引先の規模等）を設け，効率的に登録状況の確認を行ってもよいでしょう。

2．「適格請求書発行事業者公表サイト」による確認方法

取引先が法人である場合には，国税庁の「適格請求書発行事業者公表サイト」に取引先の法人番号を入力すると，登録を済ませている場合には登録情報が表示されます。法人番号は取引先の登記情報を取得するか，国税庁の「法人番号公表サイト」にて確認することができます。

3．登録状況の確認方法のまとめ

登録状況の確認方法としては，上記**2**のとおり，取引先が法人である場合には適格請求書発行事業者公表サイトにて確認ができますが，取引先が個人である場合には上記**1**のような個別の問い合わせによるほかありません。

なお，登録前の納税義務に応じた登録のパターンとその登録状況の確認方法

は**図表8－2**のとおりですが，登録がないことをもってその取引先が免税事業者であると断定することはできません。

図表8－2／取引先の納税義務と登録状況の確認方法

区分	登録前の納税義務	登録の有無と納税義務	確認方法
個人	課税事業者	登録あり（課税）	個別に問い合わせ
		登録なし（課税）	
	免税事業者	登録あり（免税→課税）	
		登録なし（免税）	
法人	課税事業者	登録あり（課税）	適格請求書発行事業者公表サイト(※)
		登録なし（課税）	個別に問い合わせ
	免税事業者	登録あり（免税→課税）	適格請求書発行事業者公表サイト(※)
		登録なし（免税）	個別に問い合わせ

（※）　課税事業者で登録手続きを行ったのか，免税事業者で登録手続きを行ったかは，適格請求書発行事業者公表サイトではわからない。

Q3　取引先に対する登録要請と独占禁止法等の規制

Q　当社の取引先はフリーランスの事業者が多く，インボイス制度への理解が不十分なように感じています。そこで，積極的に適格請求書発行事業者へ登録するように促そうと考えていますが，問題はないでしょうか。

A

- 取引先に対し積極的に登録事業者となることを促しても，直ちに独占禁止法等の規制対象とはなりません。
- ただし，免税事業者である取引先が登録事業者とならなかった場合に，一方的に取引価格の引下げや取引の打ち切りを求めたりしたときには，優越的地位の濫用として独占禁止法や下請法（または建設業法）上問題となる可能性があります。

解　説

1．独占禁止法・下請法（または建設業法）の規制

インボイス制度開始後においては，買手は登録事業者以外の事業者との取引について仕入税額控除の適用ができなくなります。そのため，買手の立場としては継続的な取引先に対し，適格請求書発行事業者への登録を要請することが考えられます。

このような要請を行うこと自体は問題となるものではありませんが，以下の公正取引委員会等からの案内のとおり，買手側から登録事業者にならなければ取引価格を引き下げるとか，取引の打ち切りを求めるなどと一方的に通告する場合には，優越的地位の濫用として独占禁止法や下請法（または建設業法）上問題となる可能性がありますので，十分に注意する必要があります。

公正取引委員会等は独占禁止法，下請法または建設業法上で問題となる可能性のある行為類型を，以下の「6　登録事業者となるような慫慂等」のほか「1　取引対価の引下げ」，「2　商品・役務の成果物の受領拒否，返品」，「3　協賛金等の負担の要請等」，「4　購入・利用強制」，「5　取引の停止」という6つに区分し，それぞれの行為類型ごとの考え方を明らかにしています。なお，これらの行為類型のうち下請法と独占禁止法のいずれも適用可能な行為については通常下請法が適用され，建設業を営む者が業として請け負う建設工事の請負契約については下請法ではなく，建設業法が適用されます。

【免税事業者及びその取引先のインボイス制度への対応に関するQ&A】

Q７　仕入先である免税事業者との取引について，インボイス制度の実施を契機として取引条件を見直すことを検討していますが，独占禁止法などの上ではどのような行為が問題となりますか。

（中略）

６　登録事業者となるような慫慂等

課税事業者が，インボイスに対応するために，取引先の免税事業者に対

し，課税事業者になるよう要請することがあります。このような要請を行うこと自体は，独占禁止法上問題となるものではありません。

しかし，課税事業者になるよう要請することにとどまらず，課税事業者にならなければ，取引価格を引き下げるとか，それにも応じなければ取引を打ち切ることにするなどと一方的に通告することは，独占禁止法上又は下請法上，問題となるおそれがあります。例えば，免税事業者が取引価格の維持を求めたにもかかわらず，取引価格を引き下げる理由を書面，電子メール等で免税事業者に回答することなく，取引価格を引き下げる場合は，これに該当します。また，免税事業者が，当該要請に応じて課税事業者となるに際し，例えば，消費税の適正な転嫁分の取引価格への反映の必要性について，価格の交渉の場において明示的に協議することなく，従来どおりに取引価格を据え置く場合についても同様です（上記１，５等参照）。

したがって，取引先の免税事業者との間で，取引価格等について再交渉する場合には，免税事業者と十分に協議を行っていただき，仕入側の事業者の都合のみで低い価格を設定する等しないよう，注意する必要があります。

（出典：財務省，公正取引委員会，経済産業省，中小企業庁，国土交通省「免税事業者及びその取引先のインボイス制度への対応に関するQ&A」）

２．買手の消費税負担と取引価格の見直し

免税事業者が登録事業者となる場合，その免税事業者には新たに消費税の申告・納税負担が生じることになります。一方で免税事業者が登録事業者とならない場合に，その取引を継続したときは，買手の仕入税額控除が制限され，買手の納税負担が増加します。

この問題への対応としては免税事業者に対してインボイスの登録を前提とせず，買手において増加する消費税負担について，取引価格を見直すことで妥協点を探ることも選択肢の１つといえます。具体的な取引価格の見直しの方法については，Q7を参照してください。

Q4 登録のない事業者に対する消費税相当額の支払いについての考え方

Q	当社では外注先との間で委託契約を締結する場合に，消費税を含めない金額で委託料を決め，委託料に消費税相当額を加算して支払っています。インボイス制度開始後においては，登録しない事業者に対して消費税相当額を加算して支払わなくてもよいですか。
A	• 価格交渉を行うことなく一方的に消費税相当額の支払いを拒否した場合には，独占禁止法や下請法（または建設業法）に違反し規制の対象となる可能性があります。

解　説

取引上優越した立場にある事業者（買手）が，登録事業者とならない仕入先との取引において，仕入税額控除ができないことを理由に消費税相当額を支払わない等の取引価格の引下げを一方的に要請等した場合には，独占禁止法上の「優越的地位の濫用」に該当し規制の対象となる可能性があります。実際に公正取引委員会では，インボイスの登録をしない免税事業者に対して消費税相当額を取引価格から引き下げると文書で伝えるなど一方的に通告を行った事例を公表し，独占禁止法違反行為の未然防止の観点から注意喚起を行っています(注)。

（注）　公正取引委員会HPより
　インボイス制度の実施に関連した注意事例について（令和５年５月　公正取引委員会）

【注意した事業者の業態及び取引の相手方】

注意した事業者の業態	取引の相手方
イラスト制作業者	イラストレーター
農産物加工品製造販売業者	農家
ハンドメイドショップ運営事業者	ハンドメイド作家
人材派遣業者	翻訳者・通訳者
電子漫画配信取次サービス業者	漫画作家

また，下請法の規制の対象となる場合で，事業者（買手）が登録事業者ではない仕入先に対して，仕入先の責めに帰すべき事由がないのに，発注時に定めた下請代金の額から消費税相当額を減じた場合には，下請法４条１項３号に規定されている下請代金の減額として問題となります。この場合において，仕入先が登録事業者でないことは，仕入先の責めに帰すべき事由とはなりません。

なお，建設業法の規制の対象となる場合で，元請負人が自己の取引上の地位を不当に利用し，免税事業者である下請負人に対して，契約の締結後に下請代金の額を一方的に減額するなど，下請代金の額がその工事を施工するために通常必要と認められる原価に満たない金額となるときは，建設業法19条の３の「不当に低い請負代金の禁止」の規定に違反する行為として問題となります。

このように，インボイス制度の開始に伴い取引価格を変更する場合には，売手の事業者と十分に価格交渉を行い，双方の合意のうえで決定する必要があります。

Q5　登録予定のない仕入先との取引の停止の可否

Q	仕入先にインボイスの登録状況の問い合わせを行ったところ，登録する予定はないとの回答がありました。このままでは当社の仕入税額控除が制限され不利益を受けることになるため，これを機に他の仕入先に変更することも検討していますが，何か問題はありますか。
A	• 事業者がどの事業者と取引を行うかは基本的には自由ですが，仕入先が登録を行わないことを理由として一方的に取引を停止することは，独占禁止法上問題となる可能性があります。

解説

買手である事業者がどの仕入先と取引を行うかは基本的に自由ですが，例えば，取引上の地位が相手方に優越している事業者が，インボイス制度の実施を契機として，登録事業者とならない仕入先に対し，一方的に取引を停止した場合には，独占禁止法上の優越的地位の濫用として問題となる可能性があります。

取引先の選定にあたっては，ただちに取引停止の判断を行うのではなく，まずは価格交渉を行ったうえで，慎重に判断する必要があると考えられます。

Q6 引き続き同条件での取引を継続することの可否

Q	当社が賃借している駐車場の賃貸人は個人ですが，金額的に僅少のため登録状況について事前の問い合わせを行う予定はありません。登録の有無にかかわらず同条件で引き続き駐車場を賃借したいと考えていますが，問題はないでしょうか。
A	•取引価格の改定を行わず引き続き同条件で取引を継続することについては問題となりません。 •ただし，過去の消費税率の引上げ時から取引価格を据え置いていた場合には，消費税転嫁対策特別措置法における「買いたたき」に該当し，同法が失効している現時点においても規制の対象となるため，留意する必要があります。

解　説

1．インボイス制度開始時の対応

インボイス制度開始後において，例えば免税事業者へ駐車場に係る賃借料を支払った場合，当社の消費税の納税負担が増加することになりますので，当社から賃貸人に対して登録事業者となるよう求めたり，賃料の減額を打診することが考えられます。

しかし，登録状況の問い合わせや価格交渉に係るコストに比べ消費税負担のほうが少額と見込まれる場合や，もともとの取引価格が相場よりも低い場合にまで，あえて当社から賃貸人に対して登録状況の確認や賃料の交渉を行う必要

はないと考えられます。

当社（買手）から相手先に対して登録要請や価格交渉の打診をしないことについては，何ら法律上問題となりませんので，インボイス制度開始後においても引き続き同条件での取引を継続したい場合には，あえて当社（買手）から相手先へコンタクトをとらないという対応も考えられます。

2．消費税転嫁対策特別措置法との関係

平成25年10月1日から令和3年3月31日までの間，消費税の円滑かつ適正な転嫁に向けた取組みとして，消費税転嫁対策特別措置法（注）が施行されていました。

（注）　消費税の円滑かつ適正な転嫁の確保のための消費税の転嫁を阻害する行為の是正等に関する特別措置法。

現時点ですでに同法は失効しているものの，その失効前に行われた違反の行為に係る指導または助言，措置請求，勧告及び公表等に関する規定は，令和3年3月31日以降においてもその効力を有することとされています（消費税転嫁対策特別措置法附則2②）。

したがって，上記**1**のとおり，インボイス制度の開始後においても相手方との間で何らの交渉もせず，引き続き同条件で取引を継続すること自体は問題になりませんが，過去の消費税の引上げ時から取引価格を据え置いている場合には，消費税転嫁対策特別措置法上の「買いたたき」に該当し，現時点でも同法の規制の対象となっているため，消費税の引上げ分を適切に取引価格へ加算する必要があります。

Q7 取引価格の見直し交渉（取引先がインボイスの登録をせず，双方で買手の消費税の負担増を折半する場合）

Q	当社は免税事業者である取引先との交渉のうえ，取引先がインボイスの登録をしない代わりに，当社の仕入税額控除が制限される金額を，当社と取引先とで折半して負担することに合意しました。当社から取引先への支払金額は月額110,000円（税込）ですが，いくらに値下げすればよいでしょうか。令和５年10月１日から適用される経過措置を踏まえ，教えてください。
A	•値下げ率を１/106（0.94…％）とすることで，当社の仕入税額控除が制限される金額を当社と取引先とで折半する結果となります。 •月額110,000円（税込）の取引価格の場合，1,038円（税込）の値下げ額となりますので，値下げ後の金額は108,962円（税込）となります。

解説

取引先が免税事業者である場合，インボイス制度の開始に伴ってその取引先にインボイスの登録を要請する一方で，取引先がインボイスの登録をしない場合には，取引価格の見直し（値下げ）交渉を行うことになると考えられます。

この点，従来より免税事業者であった取引先がインボイスの登録を行い，消費税申告を行うことには一定の事務負担や心理的負担が伴うものと考えられますので，実務上は取引先がインボイスの登録をしない代わりに，仕入税額控除が制限される金額を，取引先との間で折半して負担するといった対応も考えられます。

この場合の値下げ率について，令和５年10月１日から３年間の経過措置（仕入税額の80％の仕入税額控除）を考慮すると，**図表８－３**及び**図表８－４**のとおり，取引価格に対して１/106の値下げをすることで，仕入税額控除が制限される金額を当社と取引先とで折半する結果となります。

図表８－３／値下げ後の当社と取引先の負担の比較

	当社			取引先		
価格変更前	取引価格	110,000				
	経費	100,000	A	収入	110,000	C
	仮払消費税	10,000				
価格変更後	値下げ前	110,000	①			
	値下げ額	1,038	②(①×1/106)			
	取引価格	108,962	③(①−②)			
	経費	101,038	B	収入	108,962	D
	仮払消費税	7,924	③×0.1/1.1×80% (経過措置)			
差額	経費増加額	1,038	B−A	収入減少額	1,038	C−D

図表８－４／値下げ率(※)の算定式

値下げ前の取引価格（税込）：A
値下げ額（税込）：a

$$a = \frac{A-a}{1.1} + \frac{(A-a)\times 0.1\times(1-80\%)}{1.1} - \frac{A}{1.1}$$

$$a = \frac{1}{106}A$$

（※）　仕入税額控除が制限される金額を双方で折半する場合の値下げ率。

Q8 新規取引先が登録事業者かどうか不明な場合に登録の有無に応じた価格交渉を行うことの可否

Q	当社（買手）はインボイス制度開始後において，新規取引先との間で取引に関する契約交渉を進めています。現時点では新規取引先が登録事業者であるかどうかわかりませんが，仮に登録事業者である場合は見積書記載の月額110,000円（税込），登録事業者でない場合は月額100,000円（税込）として価格交渉を行うことに問題はありますか。
A	• 新規取引先との価格交渉において，相手方の登録の有無に応じた取引価格を提示すること自体は，独占禁止法や下請法（または建設業法）に抵触しないと考えられますので，相手方の登録の有無に応じた価格交渉を行ったとしても問題はありません。

解説

免税事業者は課税事業者（買手）と比較すると，取引条件に関する情報量や交渉力の面で格差があり，その取引条件が一方的で不利になりやすい場面も想定されますが，インボイス制度の実施を契機として課税事業者（買手）の意向で取引条件が見直される場合，その方法や内容によっては，課税事業者（買手）は独占禁止法や下請法（または建設業法）の観点から問題となる可能性があります。つまり，インボイス制度の実施に伴って独占禁止法や下請法（または建設業法）の規制の対象となる場面は，原則として既存の取引先との間の取引条件の見直しの場面であると考えられます。

課税事業者（買手）が新規取引先との間で取引条件の交渉を行う場合には，通常は対等な関係性の中で取引条件が決定されるものと考えられます。そして，その交渉の過程において，新規取引先が登録事業者である場合の取引価格と，登録事業者でない場合の取引価格をそれぞれ提示のうえ，課税事業者（買手）の提示に応じられなければ取引契約は成立しないといった強い姿勢で臨んだとしても，独占禁止法や下請法（または建設業法）に抵触するものではないと考えられます。

したがって，例えば新規取引先が登録事業者である場合には月額110,000円（税込），登録事業者でない場合には月額100,000円（税込）として価格交渉を行い，新規取引先の登録状況に応じて取引条件を決定することで，課税事業者（買手）にとっては新規取引先が登録事業者でなかった場合の仕入税額控除を受けられないことによる税負担の増加を回避，軽減することができます。

Q9　負担の少ないインボイスの交付方法

Q	賃借物件である店舗の大家に登録状況を問い合わせたところ，登録予定であるが，インボイスのやり取りはなるべく手間がかからない方法でお願いしたいとの申し出がありました。この場合，どのような方法が考えられますか。
A	• 一定期間の賃料につき１枚のインボイスにまとめて交付を受けた場合にも，インボイスの要件を満たすことができます。 • 賃貸借契約書に貸主側の登録番号を記載したうえで，借主で支払内容が記帳された通帳や振込明細書を保存する方法も認められます。

解　説

1．一定期間の取引を記載したインボイスの交付を受ける方法

口座振込みや口座引落しの方法で代金決済を行っている不動産賃貸業で，取引の都度，請求書や領収書が発行されない場合であっても，借主側では仕入税額控除を受けるためにインボイスの保存が必要です。

この点，一定期間の取引を１枚のインボイスにまとめて記載のうえ交付することも認められていますので，貸主側で１年間の賃料について１枚のインボイスを作成し，これを借主側で保存することで貸主側のインボイスの交付に関する事務負担を抑えることができます。

2．賃貸借契約書にインボイスの記載事項の一部を記載する方法

インボイスの記載事項の一部（課税資産の譲渡等の年月日以外の事項）が記載された契約書とともに，通帳や銀行の振込明細書（課税資産の譲渡等の年月日の事実を示すもの）を保存する方法でも，インボイスの記載事項に係る要件を満たすことができます。

インボイス制度開始前に締結した契約書にインボイスの記載事項である登録番号が記載されていない場合は，**図表８－５**のとおり，別途貸主側からインボイスの登録番号の通知を受け，契約書とともに保存していれば問題ありません。

また，登録番号が記載された賃貸借契約書を改めて作成するか，登録番号を追記した覚書を作成し双方で保管しておくこともよいでしょう。

図表８－５ ／ 適格請求書発行事業者の登録番号等の通知書（例）

■■株式会社　御中

●年●月●日

インボイス制度導入に伴う適格請求書発行事業者の登録番号等のお知らせ

当社（貸主：▲▲）と貴社（借主：■■）との間で●年●月●日付けで締結された賃貸借契約書（以下，「原契約書」といいます。）につきまして，下記の通り追記いたします。

原契約書とともに保管くださいますようお願い申し上げます。

記

1．当社（貸主：▲▲）の適格請求書発行事業者登録番号
　●●●…

2．当社（貸主：▲▲）適格請求書発行事業者の登録日
　令和●年●月●日

所在地　▲▲
法人名　▲▲
代表者　▲▲　　　　　印

Q10　免税事業者における消費税の請求

Q	インボイス制度開始後，免税事業者からの請求書に，消費税が記載されていました。この消費税については取引先へ支払わなくてもよいのでしょうか。
A	• 免税事業者から請求を受けた消費税であることを理由に，その支払いを拒むことはできません。一方的に消費税の支払いを拒否した場合には，Q4のとおり，独占禁止法や下請法（または建設業法）上問題となる可能性があります。 • 適格請求書発行事業者であると誤認させる請求書であった場合は，インボイス類似書類（偽インボイス）として発行者が罰則を受ける可能性があります。

解　説

1．免税事業者から消費税の請求を受けた場合

「免税事業者」の取引金額に係る請求について消費税額の請求を禁止する法令はありませんので，インボイス制度開始後においても，「免税事業者」から従来どおり「消費税額」が記載された請求書の交付を受ける場合もあると考えられます。この場合において，消費税の支払いの可否については税法上の問題ではなく，取引価格の総額をいくらで合意していたか，という商取引の問題と考えられます。したがって，免税事業者から請求を受けた消費税であることを理由にその支払いを拒むことはできず，一方的に消費税の支払いを拒否した場合には，Q4のとおり，独占禁止法や下請法（または建設業法）上問題となる可能性がありますので，十分に注意してください。

2．インボイス類似書類（偽インボイス）への対応

免税事業者が発行する請求書に，従前と同様に消費税額または消費税相当額を記載したのみでは，特に問題にはなりません。しかし，登録事業者ではないにもかかわらず架空の登録番号が記載されている等，明らかに登録事業者と誤認させるおそれのある表示をした書類を発行する行為は禁止されており（消法57の5），悪質な場合は1年以上の懲役または50万円以下の罰金に処すものとされています（消法65四）。

Q11 取引先の登録取消し等に備えた契約書の改定

Q	当社では外注先への委託にあたり委託契約書を作成していますが，インボイス制度の導入にあたり，何か契約書の記載を変更する必要はありますか。
A	• 外注先が適格請求書発行事業者であったとしても，一定の事由が生じた場合に強制的に登録を取り消されることがあるため，取引金額が高額である場合には，登録事業者の取消し等があった場合の条項について付記することが望ましいと考えられます。

解　説

適格請求書発行事業者であったとしても，次の事項に該当すると認められた場合には，税務署長が強制的にその登録を取り消すことができるとされています（消法57の2⑥）。

①　1年以上所在不明であること
②　事業を廃止したと認められること
③　合併により消滅したと認められること
④　納税管理人を定めなければならない事業者が，納税管理人の届出をしていないこと

⑤　消費税法の規定に違反して罰金以上の刑に処せられたこと
⑥　登録拒否要件に関する事項について，虚偽の記載をした申請書を提出し，登録を受けたこと

契約締結時において外注先が適格請求書発行事業者であることを確認していたとしても，インボイスが発行される前に外注先に上記事実が生じ登録を取り消された場合，取引金額によっては当社に多額の消費税負担が発生することになります。この点につき，契約書において外注先の承諾を得たうえで，あらかじめ下記のような条項を付しておくこともご検討ください。

図表８－６／契約書記載例

第○条　報酬は*,***,***円（消費税等別）とする。

〜〜〜〜〜〜〜〜

第○条　当社（甲）及び外注先（乙）は，乙が消費税法に定める適格請求書発行事業者であることを確認し，乙は本取引完了までに適格請求書発行事業者の登録の取りやめを行わないことを約束する。

第○条　本取引完了時において，乙が適格請求書発行事業者の登録の取消し等の事由により消費税法に定める適格請求書を発行することができない場合には，甲から乙に対する消費税等の支払いは生じないものとする。また，甲が乙に対し消費税等の支払いを行った後に乙が適格請求書を発行できないことが判明した場合には，甲は乙に対して消費税等の返還を請求できるものとする。

Q12 登録済みの事業者との既存契約書に追記すべき事項

Q

当社は，全国各地に店舗や事業所を設置しており，個人オーナー所有の建物や駐車場施設を多数賃借しています。インボイス制度導入に向け，賃貸人の登録状況を確認し，登録予定のない賃貸人とは価格の交渉などの対応を行っていますが，登録済みの事業者とは，引き続き同条件で賃貸借契約を継続し，インボイスの交付も受けられるように対応しました。今後，登録事業者との取引において，何か注意すべき点はありますか。

A

- 適格請求書発行事業者としての登録は，その事業者の登録取消届出書の提出による失効や税務署長の権限による取消しが起こる可能性があるため，現在登録事業者である事業者が今後引き続き登録事業者であり続けるとは限りません。
- 個人である登録事業者が死亡した場合には，その登録事業者の地位は事業を引き継いだ相続人には引き継がれないため，相続人の登録状況によっては，未登録の事業者との取引に変わってしまう可能性があります。
- 登録事業者の登録失効による不利益を回避するためには，あらかじめ契約において対価の見直しができるようにしておくという対応が考えられます。

解説

事業者が適格請求書発行事業者として登録を行うことは任意ですが，登録取消届出書の提出により取りやめを行うことも任意です。また，税務署長の権限による登録の取消しや個人事業者の死亡に伴う登録の失効なども起こりえます。つまり，登録事業者であることを前提とした仕入取引についても，予期せぬ事由により仕入税額控除が適用できない取引に変わってしまう可能性があります。

「インボイスの交付がなければ仕入税額控除が適用できない」とする取扱いは，その交付を受けられない事情は問われません。当然にインボイスの交付を受けられると想定していた取引において，買手側のあずかり知らない事情によりインボイスの交付を受けられなかったとしても，仕入税額控除は適用できません。したがって，仕入税額控除の適用を受けられないことによる不利益を回避するためには，仕入先との間で取引価格の見直しを行うなど，取引条件の変更を行うことしか対応ができません。

しかし，登録失効に伴う事後的な値下げ要請について，取引相手との交渉がスムーズに進むとは限りません。特に建物の賃借料など，継続的な定額取引においては，契約書に登録番号を記載するなどの対応により，支払いごとにインボイスの交付を受けないことも考えられますので，登録失効に気がつくタイミングが遅れることも考えられます。

いったん支払った対価の一部の返金を求めることは，取引上容易ではないことも考えられますので，取引の売手側の登録状況により対価の見直しができるなど，あらかじめ契約を工夫しておくことが望ましいものと考えます。

【契約書への追記事項】

- 本契約は対価の受領者（資産の譲渡，貸付け，または役務提供を行う者）が適格請求書発行事業者であることを前提としていること
- 対価の受領者が今後適格請求書発行事業者でなくなった場合には，相手方にただちに報告するものとすること
- 対価の受領者が適格請求書発行事業者でなくなったことに伴い対価の支払者における消費税の納税負担が増加した場合には，その増加額を補填するため，対価の見直しを行うことができるものとすること
- 対価の見直しは適格請求書発行事業者でなくなった時点まで遡ることができ，適格請求書発行事業者でなくなった後に行われた資産の譲渡等に係る請求について，すでに対価の支払いを行っていた場合には遡って対価の一部返還を求めることができること

Q13 値引きやリベート（販売奨励金）を受けた場合の売手への適格返還請求書の交付の必要性

Q	買手である当社が売手から値引きやリベート（販売奨励金）を受ける場合に，売手へ適格返還請求書を交付する必要はありますか。
A	• 適格返還請求書の交付義務は取引の相手方である売手に対して課されており，買手において適格返還請求書の交付義務はありません。 • 買手が一定の事項の記載のある販売奨励金請求書等を作成して売手へ交付する場合には，売手は改めて適格返還請求書を作成し交付する必要はありません。

解　説

1．適格返還請求書の交付義務

適格請求書発行事業者である売手には，課税事業者である買手に対して値引き等の売上げに係る対価の返還等を行う場合に，適格返還請求書の交付義務(注)が課されています（消法57の４③）。したがって，仕入れに係る対価の返還等を受ける買手においては適格返還請求書の交付義務はありません。

売手において適格返還請求書の交付義務(注)が課された理由は，買手における過大な仕入税額控除を防止するため，値引き等が行われた事実を書面で残すことにあると考えられます。したがって，買手が値引き等を受ける場合において，仮に売手が適格返還請求書の交付をせず，買手においてその交付が受けられなかったとしても，買手においては仕入れに係る対価の返還等を受けていることから，仕入税額控除額の調整を行う必要があります。その一方で，売手においては適格返還請求書の交付の有無にかかわらず，売上げに係る対価の返還等について，税額控除の適用を受けることができます。

（注）　令和５年度税制改正により，売上げに係る対価の返還等に係る税込価額が１万円未満である場合には，適格返還請求書の交付義務が免除されることとなりました（消法57の４③，消令70の９③二）。

図表8－7　／適格返還請求書の交付義務と値引き・リベート等の取扱い

	売手	買手
適格返還請求書の交付義務	あり	なし
値引き・リベート等の取扱い	売上げに係る対価の返還等 →税額控除	仕入れに係る対価の返還等 →仕入税額控除額の調整

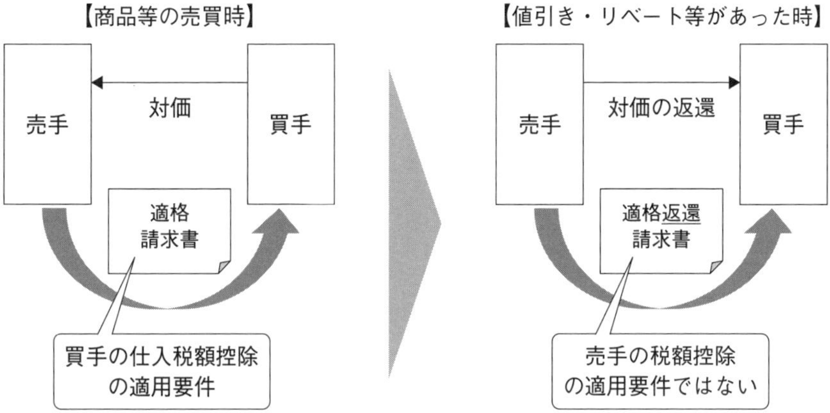

2．買手が販売奨励金請求書等を作成する場合

買手が値引きやリベート等を受ける場合に，適格返還請求書として必要な事項が記載された販売奨励金請求書等を作成して売手に交付するときは，売手は改めて適格返還請求書を作成し，買手へ交付する必要はありません。

Q14　仕入価額から控除される金額がある場合のインボイスの作成方法

Q　当社（買手）は自ら作成した仕入明細書を仕入先（売手）の確認を受けインボイスとして保存していますが，当社（買手）が行った商品の配送に係る役務提供については仕入金額から控除しています。この配送料は当社（買手）の売上げに計上していますが，仕入先（売手）へ配送料の売上げに係る適格請求書を交付する必要はありますか。

A	・当社（買手）が作成する仕入明細書に，当社（買手）の売上げに係る適格請求書の記載事項を記載して仕入先（売手）へ交付する場合には，別途で適格請求書を作成し交付する必要はありません。

解 説

1．適格請求書と仕入明細書を一の書類で交付する場合

仕入税額控除の要件である保存すべき請求書等（インボイス）には，売手から交付を受ける適格請求書のほか，買手が作成する仕入明細書が含まれます（消法30⑨三）。

そこで，買手が作成する仕入明細書に，買手が売手に対して行った課税資産の譲渡等の対価の額（配送料）を記載した場合において，適格請求書として必要な事項が記載されているときは，別途買手から売手に対して適格請求書を交付する必要はありません。

このように，取引先との間で売りと買いの双方の取引が行われる場合には，適格請求書と仕入明細書を一枚の書類で作成することで，授受すべき書類を簡素化することができます。

図表８－８　適格請求書と仕入明細書を一の書類で交付する場合

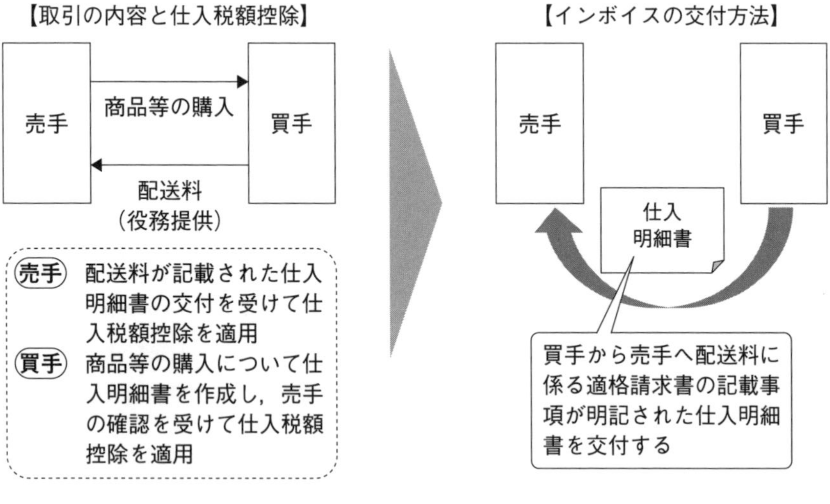

2．仕入明細書の記載例

適格請求書と仕入明細書を一の書類で交付する場合の具体的な記載例は**図表8－9**のとおりです。この場合には買手及び売手の双方の登録番号が一枚の書類に記載されることになります（インボイスQ&A問89）。

図表8－9／仕入明細書の記載例

㈱○○御中　記載事項⑥
登録番号T123…

仕入明細書

記載事項①
××年３月31日
□□㈱
登録番号T321…

送付後一定期間内に誤りのある旨の連絡がない場合には記載内容のとおり確認があったものといたします。

××年３月分

日付	取引	金額
３月10日	食品 ※	3,240円
３月20日	日用品	16,500円
支払合計（税込）		19,740円
８％対象		3,240円　（消費税：240円）
10％対象		16,500円（消費税：1,500円）
控除額（10％対象）	３月分配送料	1,100円　（消費税：100円）
支払金額合計（税込）		18,640円

※印は軽減税率対象商品

記載事項②～⑤

配送料に係る適格請求書の記載事項

①適格請求書発行事業者の氏名又は名称及び登録番号

②課税資産の譲渡等を行った年月日

③課税資産の譲渡等に係る資産又は役務の内容

④課税資産の譲渡等の税抜価額又は税込価額を税率ごとに区分して合計した金額及び適用税率

⑤税率ごとに区分した消費税額等

⑥書類の交付を受ける事業者の氏名又は名称

Q15　売手の売上計上時期と買手の仕入計上時期が異なる場合（令和５年10月１日をまたぐ場合）

Q	当社（買手）の仕入れの計上基準は検収基準です。このたび，仕入先（売手）から令和５年９月30日に出荷・引渡しを受けた製品について，10月１日に検収を行い，仕入計上しています。この場合，仕入先（売手）から適格請求書の交付がなければ，当社（買手）において仕入税額控除の適用はできないのでしょうか。
A	• 売手における適格請求書の交付義務（買手における適格請求書等の保存義務）は，売手の令和５年10月１日以後の課税資産の譲渡等に係る取引から課せられます。 • 買手の仕入計上時期が令和５年10月１日以後である場合にも，売手の売上計上時期が令和５年９月30日以前であるときは，買手における仕入税額控除の適用上，適格請求書等の保存は不要です。

解　説

インボイス制度において適格請求書発行事業者である売手は，課税資産の譲渡等を行った場合，取引の相手方の求めに応じ，適格請求書を交付する義務が課されています（消法57の４①）。一方で，買手は仕入税額控除の要件として，課税仕入れ等に係る帳簿及び適格請求書等の保存を要することとなります（消法30⑦⑧⑨）。

この取扱いは，令和５年10月１日以後に売手が行う課税資産の譲渡等及び買手が行う課税仕入れについて適用されることになりますが（平成28年消法附則46①），売手における売上げの計上時期と買手における仕入れの計上時期は必ずしも一致するとは限りません。

例えば，本問のとおり，仕入先（売手）が出荷基準により令和５年９月30日に課税売上げを計上し，当社（買手）が検収基準により令和５年10月１日に課税仕入れを計上するといったことも起こりえます。この場合，仕入先（売手）

においては，インボイス制度の開始前に行った取引（課税資産の譲渡等）であることから，適格請求書の交付義務はありません。

したがって，当社（買手）においては，仕入先（売手）における課税売上げの計上時期が令和５年10月１日以後となる取引から，仕入税額控除の適用を受けるために適格請求書等を保存することになり，仕入先（売手）における課税売上げの計上時期が令和５年９月30日以前である取引については，当社（買手）は区分記載請求書等保存方式により仕入税額控除の適用を受けることになるため，適格請求書等の保存は不要です（インボイスQ&A問38）。

Q16　令和５年10月１日（または登録日）をまたいだ請求書の取扱い

Q	インボイス制度の開始日である令和５年10月１日をまたいだ請求書（令和５年９月21日～令和５年10月20日）の交付を受けた場合，適格請求書の要件を満たすものとして仕入税額控除を受けることはできますか。
A	•インボイス制度の開始日である令和５年10月１日をまたぐ請求書については，制度の開始日前後の課税資産の譲渡等の金額が区分されていなくても原則として仕入税額控除を適用することができます。 •仕入税額控除の計算を積上げ方式によって行う場合には，制度の開始日前後の課税資産の譲渡等の金額を区分する必要があります。

解　説

1．令和５年10月１日をまたぐ請求書の交付を受けた場合

適格請求書発行事業者からインボイス制度の開始日である令和５年10月１日をまたぐ請求書の交付を受けた場合，買手において制度の開始日前後の課税仕入れがいずれも仕入税額控除の対象となることから，制度の開始日前後の課税資産の譲渡等（令和５年９月21日から30日までの期間と令和５年10月１日から

20日までの期間）の金額が区分されていない請求書であっても，仕入税額控除を適用することができます。

ただし，仕入税額控除の計算を積上げ方式によって行う場合には，制度の開始日前後の課税資産の譲渡等の金額を区分する必要があることから，取引事実等に基づき合理的に区分するか，売手に令和５年10月１日以後の適格請求書の交付を求めるなどの対応が必要になります（インボイスQ&A問75）。

２．令和５年10月２日以後の登録日をまたぐ請求書の交付を受けた場合

令和５年10月２日以後に適格請求書発行事業者の登録を受けた者からその登録日をまたぐ請求書の交付を受けた場合，令和５年10月１日から登録日前までに行われた課税資産の譲渡等について仕入税額控除の適用を受けることはできません。したがって，登録日をまたぐ請求が行われる場合には，登録日前後の課税資産の譲渡等の金額を区分した請求書の交付を求めるなどの対応が必要となります。この場合において，継続的な役務の提供など登録日前後の課税資産の譲渡等の金額を明確に区分できないときは，取引事実等に基づき合理的に区分します（インボイスQ&A問75）。

Q17　輸入取引とインボイス制度

Q	当社は海外より商品の輸入を行っていますが，インボイス制度によって輸入取引に係る消費税の取扱いに変更はありますか。
A	• 輸入取引に係る仕入税額控除の取扱いは，インボイス制度下においても変更はありません。

解説

１．輸入取引と仕入税額控除

保税地域からの引取りに係る課税貨物につき課された消費税については，以

下の要件を満たすことで，仕入税額控除を適用することができます（消法30①⑦）。

(1)　以下の事項が記載された帳簿の保存要件（消法30⑧三）
• 課税貨物を保税地域から引き取った年月日 • 課税貨物の内容 • 課税貨物の引取りに係る消費税額等

(2)　以下の事項が記載された輸入許可通知書等の保存要件（消法30⑨五）
• 納税地を所轄する税関長 • 課税貨物を保税地域から引き取ることができることとなった年月日 • 課税貨物の内容 • 課税貨物に係る消費税の課税標準，引取りに係る消費税額等 • 書類の交付を受ける事業者の氏名又は名称

2．輸入取引とインボイス制度

インボイス制度の大きな改正点としては，仕入側の事業者に対して適格請求書等の保存を仕入税額控除の要件とした点にあります。この点，輸入取引における仕入税額控除の要件は上記**1**のとおりであり，インボイス制度下においても保存すべき書類の内容に変更はありません。

Q18 非課税限度額を超える通勤手当

Q	当社は役員に対する通勤手当として所得税法上の非課税限度額（月額：15万円）を超える通勤手当を支給していますが，帳簿のみの保存で仕入税額控除を受けることができますか。
A	• 通勤に通常必要と認められる部分の金額については，所得税法上の非課税限度額にかかわらず，帳簿のみの保存で仕入税額控除を受けることができます。

解 説

役員または従業員に支給する通勤手当については適格請求書の交付を受けることは困難です。そこで，通勤手当のうちその通勤に通常必要であると認められる部分の金額は，一定の事項を記載した帳簿のみの保存で，仕入税額控除の適用を受けることができます（消法30⑦，消令49①一ニ，消規15の４三）。

ここでいう「その通勤に通常必要であると認められる部分」とは，役員または従業員に支給する通勤手当が，その通勤に必要な交通機関の利用または交通用具の使用のために支出する費用に充てるものとした場合に，その通勤に通常必要であると認められるものをいうこととされており，所得税法上において非課税とされる通勤手当に定められている金額を超えているかどうかは関係ありません（インボイス通達４－10）。

したがって，所得税法上の非課税限度額である月額15万円を超える通勤手当を支給した場合にあっても，それが通勤に通常必要と認められる限り，帳簿のみの保存で仕入税額控除を受けることができます。

Q19　単身赴任者への旅費は仕入税額控除を受けられるか

Q	当社は単身赴任をしている従業員に対して毎月一定額を帰省のための旅費として支給しています。この場合において帳簿への記載を要件に仕入税額控除を受けることはできますか。
A	• インボイス制度においては，従業員等が勤務する場所を離れてその職務を遂行するために行う旅行等につき，出張旅費，宿泊費，日当等を支給した場合には，帳簿のみの保存で仕入税額控除が認められます。 • 単身赴任者に支給される旅費は，職務の遂行に必要な旅行の費用として支給されるものとは認められないことから，インボイス制度への移行にかかわらず，課税仕入れに該当しないため仕入税額控除は受けられません。

解　説

1．従業員等へ支給する出張旅費等の取扱い

従業員等が勤務する場所を離れてその職務を遂行するため旅行をし，または転任に伴う転居のための旅行をした場合等に，その従業員等に支給する出張旅費，宿泊費，日当等のうち「その旅行について通常必要であると認められる部分の金額」は，課税仕入れに係る支払対価に該当するものとされています（消基通11－2－1）。この「その旅行について通常必要であると認められる部分の金額」とは，所得税基本通達9－3《非課税とされる旅費の範囲》の例により判定しますので，非課税限度額を超える出張旅費等の支給については，課税仕入れに該当せず，仕入税額控除を受けることはできません。

なお，課税仕入れに該当する出張旅費等について，インボイス制度開始前ではその金額が税込3万円以上の場合には原則として領収書等の保存が必要となりますが，インボイス制度下においては一定の事項を記載した帳簿のみの保存で仕入税額控除が認められます（消規15の4二）。

2．単身赴任者に支給される旅費

単身赴任者に支給する旅費は，上記**1**の職務の遂行に必要な旅行の費用として支給されるものとは認められず，その旅費は給与に該当するものであることから，いわゆる単身赴任手当と同様の性格のものと考えられます（国税庁　質疑応答事例　消費税　単身赴任手当等）。したがって，単身赴任者に支給される旅費は課税仕入れに係る支払対価に該当せず，仕入税額控除を受けることはできません。この取扱いはインボイス制度導入前後で変わるものではありません。

Q20　福利厚生制度の利用に伴う費用負担と仕入税額控除の適用の可否

Q	当社は福利厚生制度として，①永年勤続者への旅行券（10万円）の交付，②健康診断の費用負担（5,500円），③カフェテリアプランの利用に伴う補助（課税取引に係るもの）といった各種制度を設けています。これらの福利厚生制度の利用に伴い負担する費用について，仕入税額控除の適用はできますか。
A	• ①から③までの福利厚生制度の利用に伴い負担する費用については所得税法上で給与課税を受けるか否かにかかわらず，原則どおり適格請求書等及び帳簿の保存要件を満たすことで仕入税額控除を受けることができます。

解 説

課税仕入れとは事業者が事業として他の者から資産を譲り受け，もしくは借り受け，または役務の提供を受けることをいい，従業員等へ金銭以外の資産を給付する場合のその資産の取得が課税仕入れに該当するかどうかは，その取得が事業としての資産の譲受けであるかどうかを基礎として判定し，その給付が従業員等の給与として所得税の課税の対象とされるかどうかにかかわらないこととされています（消基通11－２－３）。

したがって，①永年勤続者への旅行券（10万円）の交付，②健康診断の費用負担（5,500円），③カフェテリアプランの利用に伴う補助（課税取引に係るもの）が事業として行われている場合には，所得税の給与課税の有無にかかわらず，課税仕入れに該当します。

この取扱いは事業者宛ての請求書等に基づき，その事業者が費用負担することを前提としています。そして，これらの①から③までの取引は，帳簿への一定事項の記載のみで仕入税額控除が認められる取引には該当しないことから，原則どおり適格請求書等及び帳簿の保存要件を満たすことで仕入税額控除を受けることになります。

Q21　旅費交通費と帳簿のみの保存特例の関係

Q	当社の名古屋支店の従業員（10名）が東京本社での会議に出席する予定です。そこで名古屋支店の現金を用いて10名分の新幹線のチケットを一括して購入し，従業員へ配布します。購入金額は10万円（@１万円×10名）ですが，帳簿のみの保存の特例を適用して仕入税額控除の適用を受けることはできますか。
A	• 公共交通機関特例は１回の取引の金額が３万円（税込）未満となる場合に限られるため，１回の取引の金額が10万円となる場合には適用できません。 • 入場券等回収特例に該当する場合には，帳簿のみの保存で仕入税額控除を適用することができます。 • 出張旅費特例は１回の取引の金額に係る制限はありませんが，新幹線のチケット代金の支給先が従業員等でない場合には適用できません。

解 説

1．公共交通機関特例

適格請求書の交付義務が免除される取引の１つである３万円未満の公共交通機関（船舶，バスまたは鉄道）による旅客の運送は，公共交通機関特例として帳簿への一定事項の記載によって仕入税額控除を適用することができます（消令49①一イ）。

３万円未満かどうかの判定は，１回の取引の税込価額が３万円未満かどうかで判定することとされており，１商品（チケット１枚）ごとの金額や，月まとめ等の金額で判定することはできません（インボイス通達３－９）。

したがって，下記**2**に該当する場合を除き，１回の取引金額が10万円（@１万円×10名）であるときは，帳簿のみの保存で仕入税額控除を受けることはできないため，鉄道会社より適格請求書等の交付を受ける必要があります。

2．入場券等回収特例

適格簡易請求書の記載事項（取引年月日を除く）のある入場券等がその使用の際に回収される取引については，入場券等回収特例として帳簿への一定事項の記載によって仕入税額控除を適用することができます（消令49①一ロ）。

通常，新幹線のチケットはその使用の際に鉄道会社に回収されることになりますが，鉄道会社の登録番号を含む適格簡易請求書の記載事項（取引年月日を除く）のあるチケットの交付を受けられる場合には，入場券等回収特例に該当し，帳簿のみの保存で仕入税額控除を受けることができます。これに対して，チケットに適格簡易請求書の記載事項が記載されない場合には，本特例は適用できません。

3．出張旅費特例

従業員等に支給する通常必要と認められる出張旅費等（出張旅費，宿泊費，日当及び通勤手当）については，出張旅費特例として帳簿への一定事項の記載によって仕入税額控除を適用することができます（消規15の４二～三）。

この出張旅費特例は１回の取引に係る金額の制限はありませんが，事業者から従業員等へ出張旅費等の支給が行われる場合に適用される特例です。したがって，従業員の出張旅費に充てられる場合にも，事業者が鉄道会社へ直接その支払いを行っているときは，この出張旅費特例を適用することはできません。

これに対し，従業員等が個別にチケットを購入し，出張旅費規程に基づき事業者との間で精算（実費相当額を支給して精算するかどうかは問わない）を行う場合には，出張旅費特例を適用することができます。

Q22　従業員が立て替えた旅費交通費と経費精算手続きの留意点

Q	従業員が立て替えた旅費交通費（電車賃500円，タクシー代1,000円）について経費精算の申請がありました。電車賃については領収書がありませんが，タクシー代については適格簡易請求書の要件を満たす領収書が添付されています。仕入税額控除の適用における留意点を教えてください。
A	• 従業員が立て替えた旅費交通費については，公共交通機関特例や入場券等回収特例に該当する場合，帳簿のみの保存で仕入税額控除を適用することができます。 • 従業員が立て替えた旅費交通費のうち帳簿のみの保存の特例に該当しないものは，インボイスの保存が必要となります。

解　説

1．旅費交通費の立替払いと出張旅費の支給

旅費交通費の精算は従業員がいったん電車賃やタクシー代を支払ったうえで，後日事業者との間で精算を行う実務が一般的です。この場合，従業員が立て替えた旅費交通費を精算しているのか，または従業員に対して出張旅費を支給しているのか（旅費交通費の立替払いか，または出張旅費の支給か）は，事業者

の旅費規程等に基づき判断します。

この点，近隣の取引先等への訪問にあたり，電車賃500円，タクシー代1,000円の実費精算を行ったような場合には，一般的に従業員が旅費交通費の立替払いを行ったものとして処理されているものと考えられます。

2．仕入税額控除の要件

税込３万円未満の公共交通機関（船舶，バスまたは鉄道）による旅客の運送は，公共交通機関特例として帳簿への一定事項の記載によって仕入税額控除を適用することができます（消令49①一イ）。

従業員から経費精算を受けた電車賃500円については，この公共交通機関特例に該当するため，適格（簡易）請求書がなくても仕入税額控除を受けることができます。入場券等回収特例に該当するような取引に関する経費精算も同様です。

一方で，タクシー代1,000円については帳簿のみの保存の特例には該当しないため，従業員から提出を受けた適格（簡易）請求書を保存することで，仕入税額控除が可能となります。

公共交通機関特例や入場券等回収特例に該当せず，適格（簡易）請求書のない経費精算については仕入税額控除を受けることはできませんので，タクシー代や駐車場料金の精算については注意が必要です。

3．経費精算手続きの留意点

事業者が従業員との間で経費精算を行う場合，誰が，いつ，何を，いくらで，という立て替えた経費に関する基礎的な情報やその領収書の提出をルール化しているのが一般的ですので，インボイス制度への移行後においても，従来と同様の経費精算手続きで上記**2**のとおり仕入税額控除を受けることができると見込まれます。

なお，従業員が立て替えた経費の中に，事業者宛ではなく従業員宛の適格請求書があった場合には，適格請求書の記載事項を満たさないことになります。

この場合に事業者が仕入税額控除を受けるためには，従業員宛の適格請求書に加え，従業員が作成した立替金精算書（従業員宛の適格請求書が事業者のものであることを明らかにするためのもの）の保存が必要になりますが，一般的な経費精算の手続きで作成される書類に，従業員名，日付，支払内容，支払金額が記載されていれば，ここでいう立替金精算書に該当すると考えられます。

図表８－10　旅費交通費の精算に関するまとめ

	従業員による立替払い	出張旅費の支給
課税仕入れの相手方	公共交通機関，タクシー会社， 駐車場運営者	従業員
必要となるインボイス	以下のいずれかのインボイス （帳簿のみの保存の特例に該当しない場合） • 会社宛の適格請求書 • 従業員宛の適格請求書＋従業員が作成する立替金精算書 • 適格簡易請求書	インボイスは不要
帳簿のみの保存の特例	以下のいずれかの特例 • 公共交通機関特例（３万円未満） ⇒帳簿へ記載 • 入場券等回収特例（３万円以上） ⇒帳簿へ記載 ※相手方の住所の記載が必要。	• 出張旅費特例（金額基準なし） ⇒帳簿へ記載
インボイス制度開始前の取扱い	帳簿及び区分記載請求書等の保存。 ただし，以下のいずれかの場合は帳簿の保存のみ。 • ３万円未満の取引 • 請求書等の交付がないことにつきやむを得ない理由がある場合 ※やむを得ない理由及び相手方の住所の記載が必要。	左記と同様。 ただし，出張旅費の支給は請求書等の交付がないことにつきやむを得ない理由がある場合に該当するため，帳簿のみの保存で仕入税額控除の適用可。

Q23　ETCクレジットカードにより高速道路の利用料金を支払う場合

Q	当社は法人契約のETCクレジットカード（クレジットカード会社が発行主体となるもの）を従業員へ配布し，高速道路の利用料金をカード引き落としにより支払っています。高速道路の利用料金に関する領収書は受け取っていませんが，仕入税額控除は適用できますか。
A	•高速道路の利用料金については帳簿のみの保存で仕入税額控除を受けることはできないため，仕入税額控除を適用するためには適格（簡易）請求書の交付を受け，これを保存する必要があります。 •インボイス制度開始前においては特例として税込３万円未満の課税仕入れについて請求書等の保存は不要とされていますが，インボイス制度においてはこの特例は廃止されます。

解　説

1．高速道路の利用に関する書類の受領

高速道路の利用にあたってETC専用レーンを通過する場合には，その利用時に高速道路会社から領収書を受け取ることはできません。このような場合に高速道路会社が運営するETC利用照会サービスを用いて，高速道路の利用証明書等をインターネット上で受領することができます（https://www.etc-meisai.jp）。

2．インボイス制度下における仕入税額控除の要件

高速道路の利用料金については帳簿のみの保存で仕入税額控除を受けることはできないため，原則どおり適格（簡易）請求書の交付を受ける必要があります。

クレジットカード会社が発行主体となるETCクレジットカードを利用して高速道路の利用料金を支払った場合，その利用に関する書類（利用証明書等）はETC利用照会サービスによりインターネット上で受領することになると考

えられますが，これが適格（簡易）請求書の要件を満たすものであれば，これを出力して書面で保存することで，仕入税額控除を受けることができます。

利用証明書等が適格（簡易）請求書の要件を満たすかどうかは，高速道路の運営会社の方針次第ですが，ETCのメリットを生かすためにも運営会社の対応に期待したいところです。なお，現行制度においては高速道路の利用に関する書類を受領していない場合でも，特例として税込３万円未満の課税仕入れについては一律で請求書等の保存は不要とされていますので，仕入税額控除の適用は可能となっていますが，インボイス制度ではこの特例は廃止されますので注意が必要です。

Q24　一人当たり5,000円以下の飲食費の取扱い

Q	交際費等の範囲から除外される一人当たり5,000円以下の飲食費の取扱いは，インボイス制度によって影響を受けますか。
A	• 税抜経理方式を採用する法人が適格請求書発行事業者以外の者へ飲食費を支払う場合には，仕入税額控除ができない金額を含めて一人当たり5,000円以下の飲食費に該当するかの判定を行います。 • 税込経理方式を採用する法人については相手方が適格請求書発行事業者か否かにかかわらず，税込金額により判定を行います。

解　説

1．一人当たり5,000円以下の飲食費の取扱い（法人税）

飲食その他これに類する行為のために要する費用（専らその法人の役員もしくは従業員またはこれらの親族に対する接待等のために支出するものを除きます）であって，その支出する金額を飲食等に参加した者の数で割って計算した一人当たりの金額が5,000円以下である費用（以下「飲食費」といいます）は，一定の書類の保存を要件に交際費等の範囲から除外され，法人税の所得金額の

計算上，損金の額に算入されます（措法61の４⑥二）。この場合において一人当たり5,000円以下の飲食費に該当するかどうかの判定は，その法人の適用している消費税等の経理処理（税抜経理方式または税込経理方式）により算定した金額により行います（経理通達９）。

2．インボイス制度による影響（税抜経理方式を採用している場合）

インボイス制度下においては，適格請求書発行事業者以外の者からの課税仕入れについては，経過措置の適用がある場合を除き，仕入税額控除を受けることはできません。

税抜経理方式を採用している場合，仕入税額控除を受けることのできない金額については，仮払消費税として経理するのではなく，その取引の対価の額に含めて経理処理を行うことになります（経理通達14の２）。

したがって，インボイス制度が始まると，従来は一人当たり5,000円以下の飲食費に該当していた取引についても，相手方が適格請求書発行事業者以外の者である場合には，**図表８－11**のとおり判定の基礎となる取引金額が増加することから，一人当たり5,000円を超える飲食費に該当してしまうことも起こりえます。

税抜経理方式を採用している法人については，飲食等の行為の際に相手方が適格請求書発行事業者かどうかを事前に確認しておくとよいでしょう。

図表８－11　得意先の接待にあたり，飲食店に対し総額33,000円を支払った場合（参加者：６名）

	相手方（飲食店）が 適格請求書発行事業者の場合	相手方（飲食店）が 適格請求書発行事業者以外の者の場合
税抜経理方式	(借)交際費　30,000円　(貸)現　金　33,000円 仮払消費税　3,000円	(借)交際費　30,600円(※１)　(貸)現　金　33,000円 仮払消費税　2,400円(※２) (※１)仕入税額控除のできない金額（600円）は取引の対価に含めて経理処理を行う (※２)3,000円×80％＝2,400円（経過措置）
飲食費の判定	30,000円 ÷ ６人 ＝ 5,000円 ➡一人当たり5,000円以下の飲食費に該当する	30,600円 ÷ ６人 ＝ 5,100円 ➡一人当たり5,000円以下の飲食費に該当しない

3．インボイス制度による影響（税込経理方式を採用している場合）

税込経理方式を採用している場合，消費税等の額とこれに係る取引の対価の額とを区分しないで経理処理がなされます。したがって，インボイス制度下においては適格請求書発行事業者以外の者からの課税仕入れについては仕入税額控除の適用は受けられなくなりますが，経理される金額自体は変わりませんので，一人当たり5,000円以下の飲食費の判定についても，相手方が適格請求書発行事業者かどうかにかかわらず，現行の区分記載請求書等保存方式と同じ判定結果となります。

Q25　同業者団体が主催する懇親会の会費を支払った場合における保存すべき書類

Q	同業者団体の構成員である当社はその懇親会に参加するため，主催者に対して会費30,000円を支払いました。主催者は懇親会の会場であるホテルに対し，各構成員から徴収した会費を一括して支払っています。この場合において，同業者団体が①人格のない社団等に該当する場合，②任意組合に該当する場合のそれぞれについて，構成員である当社の仕入税額控除の適用において必要な書類を教えてください。
A	•同業者団体が人格のない社団等に該当する場合，構成員はその同業者団体から適格請求書を受領する必要があります。 •同業者団体が任意組合に該当する場合，構成員は主催者宛に発行された適格請求書に，その構成員の出資金等の割合に応じた課税仕入れに係る対価の額の配分内容が記載されたコピーを受領することで，仕入税額控除の適用ができます。

解　説

1．同業者団体が人格のない社団等に該当する場合

インボイス制度における適格請求書発行事業者の登録は各納税義務者の判断

に委ねられますが，消費税法上の納税義務者に含まれる人格のない社団等も適格請求書発行事業者の登録ができます。

インボイス制度の開始にあたり，人格のない社団等に該当する同業者団体が適格請求書発行事業者の登録を行うかどうかは各同業者団体の対応によりますが，その同業者団体が適格請求書発行事業者の登録をすれば，適格請求書の発行ができますので，会費(注)の支払いを行う構成員においては，これを受領することで仕入税額控除を適用することができます。

（注） 同業者団体がその構成員から受ける会費等については，その同業者団体がその構成員に対して行う役務の提供等との間に明白な対価関係があるかどうかによって資産の譲渡等の対価であるかどうかを判定することとされています（消基通５－５－３）。同業者団体が主催する懇親会のための会費については，それが会場であるホテルの利用料として認められますので，対価性を有することから資産の譲渡等に該当します。

このように，同業者団体が人格のない社団等に該当する場合には，その同業者団体が適格請求書発行事業者である必要がありますが，同業者団体が構成員のためにホテルに対して懇親会費用の立替払いを行ったと認められる場合には，同業者団体が適格請求書発行事業者でなかったとしても，その同業者団体から交付を受ける立替金精算書（及びホテルから同業者団体宛の適格請求書）の保存をもって，仕入税額控除を受けることができるものと考えられます。

2．同業者団体が任意組合に該当する場合

構成員が任意組合に該当する同業者団体の共同事業として会費の支払いを行う場合には，その構成員は主催者宛に発行された適格請求書に，その構成員の出資金等の割合に応じた課税仕入れに係る対価の額の配分内容が記載されたコピーを受領することで，仕入税額控除の適用が可能です（インボイスQ&A問91）。

なお，同業者団体の構成員に交付される適格請求書のコピーが大量となる等の事情により，一括で会費の支払いを行った主催者がコピーを交付することが困難なときは，主催者がホテルから交付を受けた適格請求書を保存する代わり

に，各構成員宛にその負担額を記載した精算書を作成して交付することで，構成員側の仕入税額控除の要件を満たすこともできます。

また，構成員が主催者を経由せず，ホテルから直接自己の負担分が記載された領収書（インボイス）の交付を受ける場合には，その領収書（インボイス）に基づき仕入税額控除を受けることができます。

Q26　令和５年９月30日までに短期前払費用として処理した場合の請求書の取扱い

Q	保守サービス費用に関する請求書をインボイス制度開始前の令和５年９月１日に受領し，支払ったうえで短期前払費用として処理をしました。受領した請求書はインボイスの記載事項を満たしていませんが，令和５年10月１日以後に改めてインボイスを受領する必要はありますか。
A	• 令和５年９月30日までに短期前払費用として処理するものは，区分記載請求書等保存方式が適用されるため，インボイスの受領は不要です。

解　説

1．短期前払費用の取扱い

法人税の計算において，前払費用の額でその支払った日から１年以内に提供を受ける役務に係るもの（短期前払費用）を支払った場合，その支払った額に相当する金額を継続してその支払った日の属する事業年度の損金の額に算入しているときは，その前払費用を損金の額に算入することが認められています（法基通２－２－14）。

消費税の計算についても，この取扱いの適用を受ける短期前払費用に係る課税仕入れは，その支出した日の属する課税期間において行ったものとして取り扱うこととしており，インボイス制度においても同様の取扱いとなります（消基通11－３－８）。

また，短期前払費用に係る課税仕入れについて，その短期前払費用を支出した日の属する課税期間においてインボイスの交付を受けられなかったとしても，事後に交付されるインボイスを保存することを条件として，短期前払費用として支出した額を基礎として仕入税額控除の適用を受けることができます（インボイスQ&A問96）。

2．令和５年10月１日をまたぐ短期前払費用の取扱い

令和５年９月30日までに短期前払費用として処理するものは，区分記載請求書等保存方式が適用されます。したがって，例えば３月決算の法人が令和５年９月１日に令和５年10月１日をまたぐ契約期間に係る保守サービス費用を一括で支払い，短期前払費用として処理する場合(注)に，契約期間に令和５年10月１日以後の期間が含まれていても，区分記載請求書等保存方式が適用されることになり，インボイスの受領は必要ありません（インボイスQ&A問38）。

（注）本問の保守サービス費用が短期前払費用の要件を満たすものとして解説しています。

Q27 建物の購入に伴い買主負担となる建物分の未経過固定資産税の取扱い

Q	製造業を営む当社は事業拡大のため中古の工場（建物及び土地）を購入しました。工場の購入に伴って買主負担となる建物分の未経過固定資産税については，インボイスが作成されていませんが，仕入税額控除の適用はできないのでしょうか。
A	•買主が負担する未経過固定資産税も譲渡対価の一部であることから，適格請求書等の保存がなければ仕入税額控除を適用することはできません。

• 不動産の売買にあたっては建物分の未経過固定資産税に係る適格請求書等の交付を受けることができるかについて，売主のほか不動産仲介業者等を交えて検討することが必要となります。

解　説

1．未経過固定資産税等の取扱い

不動産の売買においては，売主と買主の合意に基づき固定資産税，都市計画税の未経過分を買主が負担することが一般的です。この場合において買主が負担した未経過固定資産税等は地方公共団体に対して納付すべき固定資産税そのものではなく，当事者間で行う売買代金の調整のための金銭の授受であり，不動産の譲渡対価の一部を構成するものとして，建物分については課税の対象となります（消基通10－１－６）。

2．インボイス制度における未経過固定資産税等の取扱い

買主が負担した建物分に係る未経過固定資産税等についてもインボイス制度においては，適格請求書等の保存がなければ仕入税額控除を適用することはできません。区分記載請求書等保存方式のもとでは，買主は売主から受領する未経過固定資産税等に係る領収書等に基づき，仕入税額控除を適用していましたが，インボイス制度においては，未経過固定資産税等についてもインボイスの記載事項を充足する必要があります。

具体的な対応方法は売主のほか不動産仲介業者等を交えて検討することになると考えられますが，買主の立場としては未経過固定資産税等の金額についても何らかの方法により適格請求書等の交付を受けられるよう，働きかけを行うことが重要です。

Q28 建設仮勘定の仕入税額控除の時期

Q	当社では固定資産（自社ビル）である建物の建築の際に，前払金として支払った工事代金を建設仮勘定へ計上し，建物の完成引渡しを受けた際に，建物勘定へ振り替える処理を行っています。消費税の計算上も，建物の完成引渡しがあった日の属する課税期間において工事代金の全額について仕入税額控除を適用していますが，インボイス制度導入後においては，一定期間ごとに適格請求書等が発行され，建物の完成引渡しの時点では工事代金の全額に係る適格請求書等は発行されません。この場合，建物の完成引渡しの時点で仕入税額控除の適用はできますか。
A	• 建物の全部の引渡しのあった日の属する課税期間において仕入税額控除を適用することができます。 • インボイス制度において，適格請求書等の交付を受けた課税期間と仕入税額控除を適用する課税期間を一致させる必要はありません。

解説

1．建設仮勘定の仕入税額控除の時期

消費税法においては，建設仮勘定に計上されている金額であっても，原則として物の引渡しや役務の提供があった日の属する課税期間において仕入税額控除を適用するため，建物の設計料に係る役務の提供や資材の購入等の課税仕入れについては，その課税仕入れを行った日の属する課税期間において仕入税額控除を行うことになります（消基通11－３－１）。

ただし，建設仮勘定に計上した課税仕入れについて，物の引渡しや役務の提供または一部が完成したことにより引渡しを受けた部分をその都度課税仕入れとしないで，工事の目的物のすべての引渡しを受けた日の属する課税期間において仕入税額控除を適用することも認められています（消基通11－３－６）。

なお，工事代金の前払金については，いまだ目的物の引渡しを受けていないため，その工事代金の請求支払いの都度，仕入税額控除を受けることはできません。

2．インボイス制度における建設仮勘定の取扱い

上記１の取扱いはインボイス制度導入後においても変更はありません。したがって，工事代金の前払金については建物の完成引渡しまでの金額を建設仮勘定へ計上し，その完成引渡しの時点で仕入税額控除を適用します。

この場合，工事代金に係る適格請求書等は建物の完成引渡しを受けた課税期間よりも前の課税期間に受領しているものもあると思われますが，インボイス制度において適格請求書等の交付を受けた課税期間に仕入税額控除を適用しなければならない，という制約はありませんので，受領済みの適格請求書等を保存することで，完成引渡し時に建物の工事代金の全額の仕入税額控除を適用することができます。

Q29　取引先（売手）負担とした振込手数料の取扱い

Q	当社（買手）は取引先（売手）への買掛金100,000円の支払いについて，銀行の窓口において振込手数料770円を取引先（売手）の負担とし，残額99,230円の振込みを行いました。この場合の当社（買手）の留意点を教えてください。
A	•売上値引き（仕入値引き）として処理をする場合には，当社（買手）において対応すべき事項はありません。 •当社（買手）が取引先（売手）のために振込手数料を立替払いしたものとする場合及び取引先（売手）が当社（買手）から代金決済上の役務提供を受けたものとする場合には，一定の書類を取引先（売手）へ交付することになります。

解　説

1．取引先（売手）負担とした振込手数料の取扱い

インボイス制度のもとで当社（買手）が取引先（売手）へ取引に係る対価を

支払う場合において，振込手数料を取引先（売手）の負担としたときの取扱いは，**図表８－12**のとおりです（インボイスQ&A問30）。

図表８－12／振込手数料を取引先（売手）の負担とした場合の取扱い

<table>
<tr><th>取扱い</th><th>取引先（売手）</th><th>当社（買手）</th></tr>
<tr><td rowspan="2">当社（買手）が取引先（売手）のために，振込手数料を立替払いしたものとする場合（※１）</td><td>（借）現預金 99,230円　（貸）売掛金 100,000円
　　支払手数料 700円
　　仮払消費税 70円</td><td>（借）買掛金 100,000円　（貸）現預金 99,230円
　　　　　　　　　　　　　　　立替金 770円

（借）立掛金 770円　（貸）現預金 770円</td></tr>
<tr><td>当社（買手）から右記①及び②の書類の交付（※２）を受け，これを保存することで，振込手数料（課税仕入れ）について仕入税額控除を適用。</td><td>以下の書類を取引先（売手）へ交付（※２）。
①金融機関から受領した振込サービスに係る適格請求書
②立替金精算書（金融機関等の名称が記載されたもの）</td></tr>
<tr><td rowspan="2">取引先（売手）が当社（買手）から代金決済上の役務提供を受けたものとする場合（※１）</td><td>（借）現預金 99,230円　（貸）売掛金 100,000円
　　支払手数料 700円
　　仮払消費税 70円</td><td>（借）買掛金 100,000円　（貸）現預金 99,230円
　　　　　　　　　　　　　　　売上高 700円
　　　　　　　　　　　　　　　仮受消費税 70円

（借）支払手数料 700円　（貸）現預金 770円
　　仮払消費税 70円</td></tr>
<tr><td>当社（買手）から右記の書類の交付を受け，これを保存することで，振込手数料相当額（課税仕入れ）について仕入税額控除を適用（取引先（売手）が仕入明細書等を作成し，当社（買手）の確認を受けることも可）。</td><td>以下の書類を取引先（売手）へ交付。
• 振込手数料相当額の代金決済上の役務提供（支払方法の指定に係る便宜）に係る適格請求書</td></tr>
<tr><td rowspan="2">売上値引き（仕入値引き）とする場合（※３）</td><td>（借）現預金 99,230円　（貸）売掛金 100,000円
　　売上高 700円
　　仮受消費税 70円</td><td>（借）買掛金 100,000円　（貸）現預金 99,230円
　　　　　　　　　　　　　　　仕入高 700円
　　　　　　　　　　　　　　　仮払消費税 70円

（借）支払手数料 700円　（貸）現預金 770円
　　仮払消費税 70円</td></tr>
<tr><td colspan="2">売上げに係る対価の返還等に係る金額が税込１万円未満であるため，取引先（売手）から当社（買手）に対し，適格返還請求書の交付義務は免除される（※４）。</td></tr>
</table>

（※１）　令和５年度税制改正によって，一定の事業者（注）の課税仕入れに係る支払対価の額が税込１万円未満の取引については，６年間（2023年10月１日から2029年９月30日まで）の経過措置として，適格請求書等の保存を不要とし，一定の事項が記載された帳簿のみの保存で仕入税額控除が認められることとされた（平成28年消法附則53の２，平成30年消令附則24の２）。なお，区分記載請求書等保存方式では，３万円未満の取引について帳簿のみの保存により仕入税額控除が認められていたが，インボイス制度において当該取扱いは廃止される。

（注）　一定の事業者とは以下のいずれかに該当する事業者をいう。

- 基準期間における課税売上高が1億円以下の事業者
- 特定期間における課税売上高が5,000万円以下の事業者

（※2）　金融機関のATMによる手数料を対価とするサービスは，適格請求書等の交付義務が免除されている（自動販売機特例）。したがって，当社（買手）がATMによる振込を行った場合には，上記①及び②の書類の交付は不要となる。

（※3）　取引先（売手）は売上げに係る対価の返還等をした金額の明細等を記録した帳簿を保存したうえで，売上げに係る対価の返還等として処理し，当社（買手）は仕入れに係る対価の返還等として処理する。また，この場合の適用税率は売上げに係る対価の返還等の基となる課税資産の譲渡等の適用税率に従うため，軽減税率（8％）対象の課税資産の譲渡等を対象とした振込手数料相当額の売上値引きには，軽減税率（8％）が適用される。

（※4）　令和5年度税制改正によって，実務上の煩雑さを考慮して，売上げに係る対価の返還等に係る金額が税込1万円未満である場合には，適格返還請求書の交付義務が免除されることとなった（消法57の4③，消令70の9③二）。

2．取引先（売手）の会計処理について

取引先（売手）の論点ではありますが，取引先（売手）が負担する振込手数料を会計処理上は支払手数料として処理し，消費税法上は売上げに係る対価の返還等とする処理も認められます。この場合，対価の返還等のもととなった適用税率（判然としない場合には合理的に区分）による必要があるほか，帳簿に対価の返還等に係る事項を記載し，保存することが必要となります（インボイスQ&A問31）。

したがって，取引先（売手）負担とした振込手数料については，消費税法上は売上値引き（仕入値引き）とする実務が定着するものと考えられますので，当社（買手）においては特段，対応すべき事項はないと想定されます。

Q30　電気通信利用役務の提供を受けた場合の取扱い

Q　電気通信利用役務の提供を受けた場合，仕入税額控除を受けるためにインボイスの保存が必要になりますか。

A	
	・事業者向け電気通信利用役務の提供を受けた買手は，国外事業者からインボイスの交付を受ける必要はありません（リバースチャージ対象取引はインボイスは不要，帳簿の記載要件のみ）。 ・消費者向け電気通信利用役務の提供を受けた買手は，適格請求書発行事業者である国外事業者からインボイスの交付を受ける必要があります。

解 説

1．電気通信利用役務の提供

電気通信利用役務の提供に関する消費税法上の取扱いは**図表８－13**のとおりです。

図表８－13／電気通信利用役務の提供に関する消費税法上の取扱い

売手の所在地	買手の所在地	電気通信利用役務の提供		課税方式
国外	国内	事業者向け電気通信利用役務の提供	国外事業所等で受け，国外において行う資産の譲渡等にのみ要するもの	課税対象外（国外取引）
			上記以外	リバースチャージ方式
		消費者向け電気通信利用役務の提供		登録国外事業者の申告納税方式

2．事業者向け電気通信利用役務の提供（リバースチャージ方式）に係るインボイス

消費税法では，原則として課税資産の譲渡等を行った事業者がその課税資産の譲渡等に係る申告・納税を行いますので，消費税の納税義務を負うのは売上側になります。しかし，事業者向け電気通信利用役務の提供については，役務の提供を受けた国内事業者が「特定課税仕入れ」として申告・納税を行わなければならず，仕入側が消費税の納税義務を負うことになります，これをリバー

スチャージ方式といいます。ただし，リバースチャージ方式により申告を行う必要のある者は，原則課税により申告をする事業者で，かつ，その課税期間における課税売上割合が95%未満の事業者に限られます。したがって，課税売上割合が95%以上の事業者や，簡易課税制度が適用される事業者については，当分の間，「特定課税仕入れ」はなかったものとされます（平成27年消法附則42，44②）。

特定課税仕入れに係る消費税の申告・納税を行う事業者（買手）は，一般的な課税仕入れと同様に，その特定課税仕入れについて仕入税額控除を受けることができます（消法30①）。インボイス制度開始前において特定課税仕入れに係る仕入税額控除の要件については一定の事項が記載された帳簿の保存とされていますが，インボイス制度開始後においても変更はありませんので，帳簿の保存のみで仕入税額控除を適用することができます。

3．消費者向け電気通信利用役務の提供に係るインボイス

国外事業者から消費者向け電気通信利用役務の提供を受けた国内事業者は，当分の間，その役務の提供について仕入税額控除を受けることはできませんが，登録国外事業者から受ける消費者向け電気通信利用役務の提供については，仕入税額控除を受けることができます（旧平成27年消法附則38）。

登録国外事業者制度については，インボイス制度の開始に伴い令和５年10月１日に廃止されますが，経過措置として，令和５年９月１日において登録国外事業者であって，「登録国外事業者の登録の取消しを求める旨の届出書」を提出していない者については，令和５年10月１日に適格請求書発行事業者の登録を受けたものとみなされます（平成28年消法附則45）。

インボイス制度下では適格請求書発行事業者から交付を受けたインボイスの保存が必要となりますが，この点については相手方が国外事業者であっても変わりません。したがって，国外事業者から消費者向け電気通信利用役務の提供を受ける事業者（買手）は，その国外事業者に上記の経過措置の適用があるかどうか，及び経過措置の適用がない国外事業者については別途で国外事業者用

の適格請求書発行事業者の登録申請手続きがされるかどうかを確認のうえ，その国外事業者が適格請求書発行事業者である場合には，インボイスの交付を受けることで仕入税額控除を適用することができます。

Q31 親会社がグループ会社の経費の立替払いを行う場合

Q	当社グループは親会社（P社）がビルの賃貸人との間で一括して賃貸借契約を締結し，賃借料の支払いを行っています。一方で，各子会社（S社）が負担すべき賃借料については親会社（P社）から各子会社（S社）へ請求のうえ精算をしていますが，各子会社（S社）における仕入税額控除の留意点を教えてください。
A	• 親会社（P社）が賃貸人との間で一括して賃貸借契約を締結し，各子会社（S社）の負担すべき賃借料の精算を行った場合には，立替払いの取扱いと同様に，各子会社（S社）においては適格請求書の写しと立替金精算書を保存することで仕入税額控除を受けることができます。

解 説

1．立替払いの取扱い

親会社（P社）が各子会社（S社）のために経費の立替払いを行った場合において，その立替払いを行った親会社（P社）から立替金精算書等の交付を受けることで，経費の支払先（C社）に係る課税仕入れが各子会社（S社）のものであることが明らかにされているときは，その適格請求書及び立替金精算書等の書類の保存をもって，各子会社（S社）はその経費に係る仕入税額控除を受けることができます。

図表8－14／立替払いの取引図

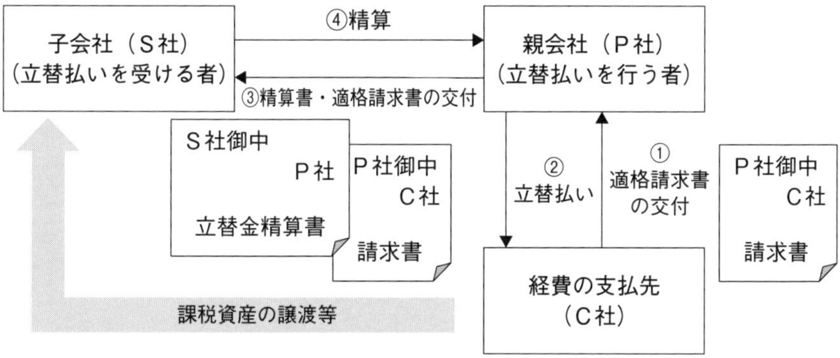

2．賃借料を精算した場合の取扱い

親会社（P社）が賃貸人との間で一括して賃貸借契約を締結し，各子会社（S社）の負担すべき賃借料の精算を行った場合においても，その実態は上記**1**の立替払いの取引と同様と考えられます。したがって，親会社（P社）から各子会社（S社）に対して，賃貸人からの適格請求書の写し(注)及び立替金精算書等を交付することで，各子会社（S社）においては仕入税額控除を適用することができます（インボイス通達4－2）。

（注）親会社（P社）が複数の子会社（S社）の賃借料等の経費につき一括して立替払いを行う場合，原則として親会社（P社）は賃貸人から受領した適格請求書をコピーし，賃貸人からの課税仕入れが各子会社（S社）のものであることを明らかにするために，親会社（P社）が作成する精算書を立替払いを受けた各子会社（S社）に交付する必要があります。しかし，立替払いを受けた各子会社（S社）に交付する適格請求書のコピーが大量となるなどの事情により，立替払いを行った親会社（P社）がコピーを交付することが困難であるときは，親会社（P社）が賃貸人から交付を受けた適格請求書を保存し，立替金精算書等を交付することにより，各子会社（S社）は親会社（P社）が作成した（立替払いを受けた者の負担額が記載されている）立替金精算書等の保存をもって，仕入税額控除を行うことができます。

Q32 オーナー兼社長から事務所を賃借している場合の注意点

Q	当社は当社のオーナー兼社長から事務所を賃借していますが，インボイス制度下における注意点はありますか。
A	• オーナー兼社長が適格請求書発行事業者でない場合には仕入税額控除を受けることはできません。

解説

インボイス制度下においては適格請求書発行事業者以外の者からの課税仕入れについては仕入税額控除を受けることはできません。

オーナー兼社長から事務所を賃借している場合には，オーナー兼社長が適格請求書発行事業者の登録をするか否かの検討が必要となってきます。仮にオーナー兼社長が従来より課税事業者である場合には，適格請求書発行事業者の登録を行うことになると考えられますが，反対にオーナー兼社長が免税事業者である場合には，免税事業者が消費税の課税事業者になることのデメリットも考慮したうえで，当社側とオーナー側で適切な対応を検討することになります。免税事業者が適格請求書発行事業者になる場合のデメリットについては§5. **1** を参照してください。

Q33 消費税率の経過措置の取扱い

Q	当社は消費税の税率が８％であった平成30年４月１日から事務用品に係る賃貸借契約を締結しており，消費税法の経過措置により税率８％による賃借料の支払いをしていますが，インボイス制度導入後において税率の経過措置は引き続き適用されるのでしょうか。
A	• 消費税率の経過措置はインボイス制度下においても引き続き適用されます。

解　説

資産の貸付けに係る消費税率等に関する経過措置とは，事業者が平成25年10月1日から平成31年3月31日までの間に締結した資産の貸付けに係る契約に基づき，令和元年10月1日前から引き続き当該契約に係る資産の貸付けを行っている場合において，当該契約の内容が次の①及び②または①及び③に掲げる要件に該当するときは，令和元年10月1日以後に行う当該資産の貸付けについて，旧税率（8％）を適用するというものです（平成24年消法附則5④，16①，平成26年消令附則4⑥）。

ただし，平成31年4月1日以後に当該資産の貸付けの対価の額の変更が行われた場合には，当該変更後における当該資産の貸付けについては，この取扱いの適用はありません。

①　当該契約に係る資産の貸付期間及びその期間中の対価の額が定められていること。 ②　事業者が事情の変更その他の理由により当該対価の額の変更を求めることができる旨の定めがないこと。 ③　契約期間中に当事者の一方または双方がいつでも解約の申入れをすることができる旨の定めがないこと並びに当該貸付け資産の取得価額合計額（付随費用の額を含む）のうちに当該契約期間中に支払われる当該資産の貸付けの対価の額の合計額の占める割合が100分の90以上であるように当該契約において定められていること。

インボイス制度下においても消費税の経過措置は引き続き適用されます。ただし，インボイスの記載事項を満たした適格請求書等の保存が必要となりますので，相手方の登録番号等が記載された請求書や覚書等において，適格請求書等の記載事項を満たすことが求められます。

Q34 リース取引におけるインボイスの保存の要否

Q	リース取引におけるインボイスの保存の要否について，その取扱いを教えてください。
A	•令和５年９月30日までにリースが開始するファイナンスリース取引は，賃借人の処理方法にかかわらず，インボイスは不要です。 •令和５年10月１日以後にリースが開始するファイナンスリース取引は，賃借人の処理方法にかかわらず，インボイスが必要です。 •令和５年10月１日以後にリース料を支払うこととなるオペレーティングリース取引は，リースの開始時期にかかわらず，インボイスが必要です。

解 説

１．ファイナンスリース取引の仕入税額控除

消費税法上のリース取引の取扱いは，所得税または法人税の課税所得の計算における取扱いの例により判定するものとされています（消基通５－１－９）。

したがって，賃借人（買手）におけるファイナンスリース取引のうち，所有権移転ファイナンスリース取引に該当するものは売買処理により，リース資産の引渡し時において仕入税額控除を適用し，所有権移転外ファイナンスリース取引に該当するものは売買処理または賃貸借処理により，仕入税額控除を適用することになります。

ここでいうファイナンスリース取引とは，以下の①及び②の要件を満たす取引をいいます（法法64の２③，所法67の２③）。

①　賃貸借に係る契約が賃貸借期間の中途においてその解除をすることができないものであること，またはこれに準ずるものであること

②　賃借人が賃貸借に係る資産からもたらされる経済的な利益を実質的に享受することができ，かつ，資産の使用に伴って生ずる費用を実質的に負担すべきこととされているものであること

また，ファイナンスリース取引は所有権移転ファイナンスリース取引と所有権移転外ファイナンスリース取引とに区分されます。

2．ファイナンスリース取引に係るインボイスの保存

ファイナンスリース取引の消費税法上の取扱いは上記**1**のとおりですが，賃借人（買手）のインボイスの保存の要否についてはファイナンスリース取引の処理方法にかかわらず，**図表8－15**のとおり令和5年9月30日までにリース取引が開始するか否かで異なります。

図表8－15／ファイナンスリース取引に係るインボイスの保存

リース取引の区分	処理方法	令和5年9月30日までにリース取引が開始した場合	令和5年10月1日以後にリース取引が開始した場合
所有権移転ファイナンスリース	売買処理	インボイス不要（※1）	インボイス必要（※2）
所有権移転外ファイナンスリース	売買処理		
	賃貸借処理（※1，2）		

（※1）　賃貸借処理を行った場合，令和5年10月1日以後のリース料の支払いについても，区分記載請求書等保存方式により仕入税額控除を適用することになるため，インボイスの保存は不要とされています（平成28年消法附則50②）。

（※2）　所有権移転外ファイナンスリース取引におけるインボイスについては，リース資産の引渡し時にそのリース取引の全額に対するインボイスが交付されるものと考えられますが，賃貸借処理を行った場合においては，そのインボイスをリース料の最終支払期日の属する課税期間の末日から2月を経過した日から7年間保存する必要があります。

3．オペレーティングリース取引の取扱い

オペレーティングリース取引（ファイナンスリース取引以外）については，令和5年9月30日までのリース料の支払いに係るインボイスの保存は不要ですが，令和5年10月1日以後のリース料の支払いについてはリースの開始日が令和5年9月30日以前であってもインボイスの保存が必要となります。

Q35 仕入税額控除の計算方法（請求書等積上げ方式，帳簿積上げ方式，割戻し計算）ごとの経理業務への影響

Q	仕入税額控除の計算方法（請求書等積上げ方式，帳簿積上げ方式，割戻し計算）ごとに，経理業務への影響について，具体例を用いて教えてください。
A	• 請求書等積上げ方式は適格請求書等に記載された消費税額を個別に集計する必要があり，経理業務への影響が大きく，事務負担が増加します。 • 帳簿積上げ方式は経理業務への影響は小さいですが，期末一括税抜処理は認められません。 • 割戻し計算は従来どおりの計算が可能ですが，従来可能であった「売上：積上げ計算　仕入：割戻し計算」の組み合わせは選択できません。

解 説

1．請求書等積上げ方式

インボイス制度における仕入税額控除の計算方法は，請求書等積上げ方式が原則とされていますが，請求書等積上げ方式は経理業務への影響が大きい計算方法です。その理由は交付された適格請求書等の消費税額を会計帳簿上の仮払消費税とは別に集計して管理する必要があるためで，事務負担が増加します。今後，会計ソフトが更新され，請求書等積上げ方式における消費税額の管理もできる可能性はありますが，その場合であっても入力作業の手間は増えることになります。

なお，請求書等積上げ方式における消費税額と会計帳簿上の消費税額が常に同額となれば，個別に管理する必要はありませんが，交付を受ける適格請求書ごとに会計入力を行わない場合や，適格請求書ごとに記載されている消費税額の端数処理の方法が異なる場合があるため，請求書等積上げ方式における消費税額は，何らかの方法により個別に管理する必要があります。

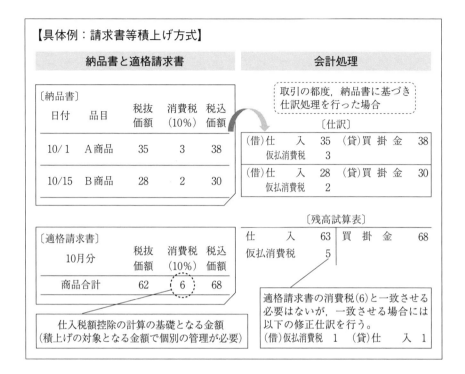

【具体例：請求書等積上げ方式】

納品書と適格請求書

〔納品書〕

日付	品目	税抜価額	消費税（10%）	税込価額
10/1	A商品	35	3	38
10/15	B商品	28	2	30

〔適格請求書〕

10月分	税抜価額	消費税（10%）	税込価額
商品合計	62	6	68

仕入税額控除の計算の基礎となる金額
（積上げの対象となる金額で個別の管理が必要）

会計処理

取引の都度，納品書に基づき仕訳処理を行った場合

〔仕訳〕

借方	金額	貸方	金額
（借）仕　　入	35	（貸）買 掛 金	38
仮払消費税	3		
（借）仕　　入	28	（貸）買 掛 金	30
仮払消費税	2		

〔残高試算表〕

借方	金額	貸方	金額
仕　　入	63	買 掛 金	68
仮払消費税	5		

適格請求書の消費税(6)と一致させる必要はないが，一致させる場合には以下の修正仕訳を行う。
（借）仮払消費税　1　（貸）仕　　入　1

2．帳簿積上げ方式

請求書等積上げ方式は経理業務への影響が大きいことから，実務への影響を考慮し，2つの特例が認められています。1つ目は帳簿積上げ方式ですが，この計算方法は適格請求書等に記載された合計の請求金額（税込金額）に10/110（または8/108）を乗じた消費税額を帳簿に記載する方法です。会計処理にあたっては，税込入力をすることで会計ソフトが自動で消費税額を計算することになります。注意点としては，消費税額の端数処理が切捨てまたは四捨五入となり切上げが認められませんので，事前に会計ソフトの設定を確認しておく必要があります。

また，税抜経理方式に限らず，仕訳帳や総勘定元帳等に消費税額が記載されていれば，税込経理方式を採用する法人でも適用はできます。つまり，税込経理方式の場合，各勘定科目の中に消費税額が含まれることになりますが，帳簿上でこれらに含まれる消費税額が個別に把握できれば，帳簿積上げ方式の適用は可能です。

なお，税抜経理方式には，期末一括税抜処理が認められていますが，帳簿積上げ方式を適用する場合には，期末一括税抜処理は認められません（経理通達4）。

【具体例：帳簿積上げ方式】

納品書と適格請求書

〔納品書〕

日付	品目	税抜価額	消費税（10%）	税込価額
10/1	A商品	35	3	38
10/15	B商品	28	2	30

〔適格請求書〕

10月分	税抜価額	消費税（10%）	税込価額
商品合計	62	6	68

会計処理

取引の都度，納品書に基づき仕訳処理を行った場合

〔仕訳〕

(借)仕　入	35	(貸)買 掛 金	38
仮払消費税	3		
(借)仕　入	28	(貸)買 掛 金	30
仮払消費税	2		

〔残高試算表〕

仕　入	63	買 掛 金	68
仮払消費税	5		

仕入税額控除の計算の基礎となる金額。仮払消費税の計上にあたり，端数処理のルールに従うため，適格請求書の金額(6)と一致しない場合もある。

3．割戻し計算

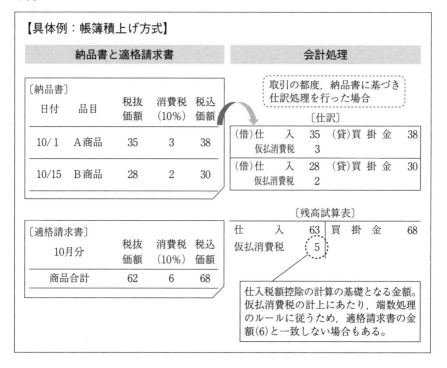

特例のもう1つは割戻し計算ですが，現行の計算方法と同じ方法であり，課税期間におけるすべての課税仕入れの合計額（税込）に7.8/110（または6.24/108）を乗じて計算します。インボイス制度においては請求書等積上げ方式が原則とされましたが，割戻し計算についても特例として認められたことか

ら，従来から割戻し計算を採用する法人にあっては，経理業務への影響はありません。

ただし，従来は仕入税額控除の計算方法について特段の制限はありませんでしたが，インボイス制度においては売上税額の計算を積上げ計算により行う場合，仕入税額の計算において割戻し計算を適用することはできませんので注意が必要です。

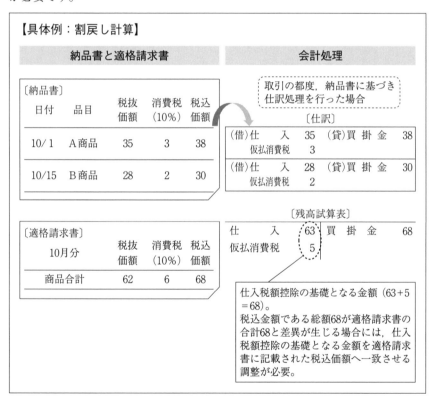

【具体例：割戻し計算】

納品書と適格請求書

〔納品書〕

日付	品目	税抜価額	消費税（10%）	税込価額
10/1	A商品	35	3	38
10/15	B商品	28	2	30

〔適格請求書〕

10月分	税抜価額	消費税（10%）	税込価額
商品合計	62	6	68

会計処理

取引の都度，納品書に基づき仕訳処理を行った場合

〔仕訳〕

(借)仕入	35	(貸)買掛金	38
仮払消費税	3		
(借)仕入	28	(貸)買掛金	30
仮払消費税	2		

〔残高試算表〕

仕入	63	買掛金	68
仮払消費税	5		

仕入税額控除の基礎となる金額（63+5＝68）。
税込金額である総額68が適格請求書の合計68と差異が生じる場合には，仕入税額控除の基礎となる金額を適格請求書に記載された税込価額へ一致させる調整が必要。

Q36 仕入税額控除の計算方法（請求書等積上げ方式，帳簿積上げ方式，割戻し計算）ごとの端数処理のルール

Q	仕入税額控除の計算方法（請求書等積上げ方式，帳簿積上げ方式，割戻し計算）ごとの端数処理のルールについて教えてください。
A	• 請求書等積上げ方式はインボイスの種類ごとに定められた端数処理のルールに従います。 • 帳簿積上げ方式は取引の都度，仮払消費税の帳簿への計上にあたって１円未満の端数を切捨てまたは四捨五入します。 • 割戻し計算では，課税期間全体で１回のみ，１円未満の端数の消費税を切り捨てます。

解　説

1．請求書等積上げ方式

請求書等積上げ方式はインボイスに記載された消費税額を積み上げて仕入税額控除の計算を行います。適格請求書の消費税額の端数処理はこれを発行する売手が行いますので，通常は買手において端数処理を検討する場面はありませんが，消費税額の記載のない適格簡易請求書の交付を受けた場合，買手が仕入明細書を作成する場合，帳簿のみの保存で仕入税額控除が認められる場合などにおいては，**図表８－16**のとおり買手においても端数処理を検討する必要があります。

なお，これらの場合の端数処理は，請求書等積上げ方式により仕入税額控除の計算の基礎となる金額を算定する場合の端数処理であり，必ずしも会計帳簿へ計上する場合の仮払消費税の端数処理とその金額を一致させる必要はありません。

図表８－16　インボイスの種類ごとの端数処理とその対応方法

インボイスの種類	端数処理のルール	想定される対応
適格請求書(注)	任意 （切捨て，切上げ，四捨五入など）	売手が作成するため売手が有利となる切捨て
消費税額の記載のない適格簡易請求書	任意 （切捨て，切上げ，四捨五入など）	買手が独自で計算するため買手が有利となる切上げ
仕入明細書	任意 （切捨て，切上げ，四捨五入など）	買手が主体的に作成するため買手が有利となる切上げ（売手の確認は必要）
帳簿のみの保存で仕入税額控除が認められるもの	切捨てまたは四捨五入	買手が独自で計算するため買手が有利となる四捨五入

（注）　適格請求書の記載事項である消費税額に１円未満の端数が生じる場合には，一の適格請求書につき，税率ごとに１回の端数処理を行う（消令70の10，インボイス通達３－12）。
　複数の商品の販売につき，一の適格請求書を交付する場合において，一の商品ごとに端数処理をしたうえでこれを合計して消費税額等として記載することはできない。
　適格請求書は売手から交付を受けることになるため，買手においてはその端数処理の意思決定はできない。しかし，仮に適格請求書に記載された消費税額の端数処理が誤っていた場合には，その適格請求書に基づき仕入税額控除を行うことはできないため，端数処理が適切に行われているかどうか，買手においても確認することが望ましいと考えられる。

２．帳簿積上げ方式

帳簿積上げ方式は課税仕入れの都度，課税仕入れに係る支払対価の額（税込）に10/110（または８/108）を乗じて計算した金額を仮払消費税として帳簿へ計上し，これを基礎として仕入税額控除の計算を行います。

この場合において１円未満の端数が生じたときは，その端数を切捨てまたは四捨五入することとなり，切上げは認められていません（消令46②）。買手が適格請求書等に基づき会計帳簿へ計上するにあたっては切捨てまたは四捨五入を選択することになりますが，特別の事情がなければ仕入税額控除が少しでも大きくなる四捨五入により端数処理をすることになると考えられます。

3．割戻し計算

割戻し計算は課税期間の課税仕入れに係る支払対価の額の合計額（税込）に7.8/110（または6.24/108）を乗じて仕入税額控除の計算を行います。

この場合において１円未満の端数が生じたときは，その端数を切り捨てることになりますが，課税期間において生じたすべての消費税額に対して税率ごとに１回のみの端数処理となります。

4．売上税額の計算方法との関係

仕入税額の計算方法ごとの端数処理は上記**1**から**3**のとおりですが，売上税額の計算方法ごとの端数処理及び仕入税額の計算方法との組み合わせの関係は，**図表８－17**のとおりです。

図表８－17　売上税額と仕入税額の計算方法の組み合わせと端数処理

組み合わせ

売上税額	
計算方法	端数処理
割戻し計算：原則	切捨て（課税期間を通じて税率ごとに１回のみ）
積上げ計算：特例	任意（交付した適格請求書または適格簡易請求書の端数処理に従う）

仕入税額		
計算方法		端数処理
割戻し計算：特例		切捨て（課税期間を通じて税率ごとに１回のみ）
積上げ計算：原則	請求書等積上げ方式	原則任意（保存すべきインボイスの端数処理に従う）
	帳簿積上げ方式	切捨て，または四捨五入（帳簿への計上の都度）

Q37　税抜経理方式と税込経理方式における仕入税額控除の計算方法の相違点

Q	税抜経理方式と税込経理方式で，仕入税額控除の計算方法の相違点はありますか。
A	• 帳簿積上げ方式を適用する場合には，期末一括税抜処理による税抜経理方式は適用できません。

解　説

仕入税額控除の計算にあたっては，請求書等積上げ方式，帳簿積上げ方式，割戻し計算のいずれかの方法により，仕入税額控除の計算を行います。一方で，法人の採用する経理処理には，税抜経理方式と税込経理方式の２つの経理方法があり，税抜経理方式による経理処理は，原則として取引（請求書の交付を含む）の都度行いますが，その経理処理を事業年度終了の時において一括して行うことができるものとされています。ただし，仕入税額控除の計算を帳簿積上げ方式により行う場合には，この期末一括税抜処理方式は適用できません（経理通達４）。

Q38　積上げ計算か割戻し計算かの判断指針

Q	積上げ計算と割戻し計算のいずれを採用するのがよいか，その判断指針を教えてください。
A	• 小売業，飲食業等で数多くのインボイスを発行する法人においては，売上税額を積上げ計算によることで有利となるため，仕入税額の計算も積上げ計算によることとなります。 • 売上税額を割戻し計算によっている法人においては，仕入税額を積上げ

計算するメリットは乏しいため，仕入税額も割戻し計算によることとなります。

解　説

1．仕入税額控除の計算方法の比較

仕入税額控除の計算方法である積上げ計算（請求書等積上げ方式または帳簿積上げ方式）と割戻し計算の特徴はそれぞれ**図表8－18**のとおりです。

図表8－18　仕入税額控除の計算方法の比較

計算方法		経理業務への影響	売上税額の計算との関係	仕入れに係る消費税の端数処理の影響(※)
積上げ計算	請求書等積上げ方式	大きい（煩雑となる）	売上税額の計算方法にかかわらず，適用できる。	控除額は他の計算方法よりも少なくなる。
	帳簿積上げ方式	小さい（概ね従来と同様の処理が可能）	売上税額の計算方法にかかわらず，適用できる。	控除額は請求書等積上げ方式より多くなるが，割戻し計算よりも少なくなる。
割戻し計算		なし（従来と同様の処理が可能）	売上税額を積上げ方式により計算する場合には適用できない。	控除額は他の計算方法よりも多くなる。

（※）　売上げに係るインボイスを取引ごとに交付する事業者であっても，その仕入れに係るインボイスは月締め等によって一定期間の取引を合計してインボイスの交付を受けることが多いと考えられるため，仕入れに係る消費税の端数処理の影響は売上げに係る消費税の端数処理の影響ほど大きくはないと考えられる。また，上表の記載内容は一般的に想定される端数処理の影響であり，必ずしも上表の結果になるとは限らないため，留意すること。

上記のとおり，仕入税額の計算方法だけを見て比較をした場合，割戻し計算については従来と同様の会計処理によって仕入税額控除の計算ができ，消費税額の端数処理の観点からも不利益はありません。したがって，下記**2**の場合を除き積上げ計算を選択するメリットは乏しいため，通常は割戻し計算を選択することになると考えられます。

2．数多くのインボイスを発行する法人について

仕入税額控除の計算方法については，上記1のとおり多くの事業者が割戻し計算を選択することになると考えられますが，一方で数多くのインボイスを発行することが想定される小売業，飲食業等の業種においては，売上税額の計算をインボイスごとに切り捨てたうえで積上げ計算をすることが有利となりますので，必然的に仕入税額の計算においても積上げ計算を選択することになります。この場合において，請求書等積上げ方式または帳簿積上げ方式のいずれを選択するかについては，帳簿積上げ方式を選択したほうが経理業務への影響が小さく，かつ，端数処理においても請求書等積上げ方式と比べて不利益はないと考えられますので，帳簿積上げ方式を選択することが想定されます。

Q39　免税事業者等からの仕入れについて経過措置の適用を受ける場合の計算方法

Q	免税事業者等からの仕入れについて経過措置の適用を受ける場合の仕入税額控除の計算方法（請求書等積上げ方式，帳簿積上げ方式，割戻し計算）について教えてください。
A	• すべての仕入税額控除の計算方法について経過措置の適用は可能です。 • 積上げ計算と割戻し計算とで，経過措置の適用に係る仕入税額の計算方法が異なります。

解 説

1．積上げ計算（請求書等積上げ方式または帳簿積上げ方式）の場合

経過措置の適用を受ける場合，積上げ計算による仕入税額控除にあたっては，以下の算式のとおり控除すべき消費税額を計算します（平成30年消令附則22一）。請求書等積上げ方式または帳簿積上げ方式のいずれの場合にも同じ計算方法となります。

【算式】

$$\text{取引ごとの課税仕入れの金額（税込）} \times \frac{7.8}{110}\left(\frac{6.24}{108}\right) \times 80\%（50\%）= \text{取引ごとの消費税額（①）}$$

取引ごとの消費税額（①）は，課税仕入れの都度，1円未満の端数を切捨てまたは四捨五入し，その課税期間における消費税額を積み上げて仕入税額を計算する。

2．割戻し計算の場合

経過措置の適用を受ける場合，割戻し計算による仕入税額控除にあたっては，以下の算式のとおり控除すべき消費税額を計算します（平成30年消令附則22二）。

【算式】

$$\text{課税期間の課税仕入れの合計額（税込）} \times \frac{7.8}{110}\left(\frac{6.24}{108}\right) \times 80\%（50\%）= \text{仕入税額}$$

その課税期間において経過措置の適用を受ける課税仕入れ（税込）を合計して仕入税額を計算する。

Q40 免税事業者等からの仕入れについて，経過措置の適用を受ける場合の保存すべき帳簿の記載事項

Q	免税事業者等からの仕入れについて，経過措置の適用を受ける場合の保存すべき帳簿の記載事項について，留意点を教えてください。
A	• 保存すべき帳簿の記載事項に「経過措置の適用を受ける課税仕入れである旨」を記載する必要があります。

解　説

1．保存すべき帳簿の記載事項

免税事業者等からの課税仕入れについて経過措置の適用を受ける場合には，一定の事項が記載された帳簿及び請求書等の保存が要件とされていますが，この場合の保存すべき帳簿には，以下の事項を記載することになります。

【帳簿の記載事項】

①　課税仕入れの相手方の氏名又は名称

②　課税仕入れを行った年月日

③　課税仕入れに係る資産又は役務の内容（課税仕入れが他の者から受けた軽減対象資産の譲渡等に係るものである場合には，資産の内容及び軽減対象資産の譲渡等に係るものである旨）及び<u>経過措置の適用を受ける課税仕入れである旨</u>

④　課税仕入れに係る支払対価の額

保存すべき帳簿の記載事項については，区分記載請求書等保存方式から適格請求書等保存方式へ移行する場合にも変更はありませんが，経過措置の適用を受ける場合には，上記③の下線部分である「経過措置の適用を受ける課税仕入れである旨」が追加されています（平成28年消法附則52①，53①）。

2．具体的な記載方法

「経過措置の適用を受ける課税仕入れである旨」の記載については，個々の取引ごとに「80％控除対象」，「免税事業者からの仕入れ」などと記載する方法のほか，例えば経過措置の対象となる取引に，「※」や「☆」といった記号・番号等を表示し，かつ，これらの記号・番号等が「経過措置の適用を受ける課税仕入れである旨」を別途「※（☆）は80％控除対象」などと表示する方法が考えられます（インボイスQ&A問110）。

Q41 法人税（または所得税）の所得金額の計算への影響

Q	インボイス制度によって法人税（または所得税）の所得金額の計算に影響はありますか。
A	・インボイス制度への移行によって仕入税額控除が認められない金額がある場合には，その金額分だけ所得の金額が減少します。 ・税抜経理方式による場合，仕入税額控除が認められない金額について仮払消費税はないこととされ，その取引の対価の額に含めて所得計算を行います。

解 説

1．インボイス制度と税抜経理による所得計算

インボイス制度導入後は課税仕入れであっても適格請求書等の保存がない場合，仕入税額控除の適用を受けることができませんので，適格請求書発行事業者以外の者（消費者，免税事業者，登録を受けていない課税事業者）からの課税仕入れについては，仕入税額控除における「課税仕入れに係る消費税額」はないこととなります（消法30①）。

この点，税抜経理を採用する法人の所得計算においては，仕入税額控除の適用を受ける課税仕入れ等の税額及びその課税仕入れ等の税額に係る地方消費税の額に相当する金額の合計額が仮払消費税等の額とされていますので，税務上は仮払消費税等の額がないことになります（法令139の４⑤⑥，法規28②）。

したがって，適格請求書発行事業者以外の者からの課税仕入れについて仮払消費税等の額として取引の対価の額と区分して経理する金額はなく，その取引の対価の額に含めて法人税の所得金額の計算を行うことになります（経理通達14の２）。

このように，仕入税額控除が認められない金額だけ，その取引の対価の額が増加することから，インボイス制度開始前と比較し，所得金額が減少する結果となります。

図表８－19 ／ 税抜経理：経費550円（うち消費税50円）を支払った場合の仕訳例

	インボイス制度開始前	インボイス制度開始後
期中	(借)経　　費　500円　(貸)現 預 金　550円 仮払消費税　50円	(借)経　　費　550円　(貸)現 預 金　550円
決算	(借)未収消費税　50円　(貸)仮払消費税　50円	―

2．インボイス制度と税込経理による所得計算

税込経理を採用する法人の所得計算においては，個々の取引について消費税額を含めた金額により経理されることから，適格請求書発行事業者以外の者からの課税仕入れについて仕入税額控除の適用が受けられない場合にも，経理される金額は変わりません。

ただし，インボイス制度開始前と比較し，その事業年度において仕入税額控除が受けられない金額だけ納付すべき消費税が増加（または還付を受ける消費税が減少）することから，租税公課として損金の額に算入される金額も増加（または雑収入等として益金の額に算入される金額も減少）し，所得金額が減少する結果となります。

図表８－20 ／ 税込経理：経費550円（うち消費税50円）を支払った場合の仕訳例

	インボイス制度開始前	インボイス制度開始後
期中	(借)経　　費　550円　(貸)現 預 金　550円	(借)経　　費　550円　(貸)現 預 金　550円
決算	(借)未収消費税　50円　(貸)雑 収 入　50円	―

Q42　法人税の申告の際に税務調整が必要な場合の取扱い

Q　インボイス制度の導入によって法人税の申告の際に税務調整が必要な場合はありますか。

A	・適格請求書発行事業者以外の者からの課税仕入れについて，会計上仮払消費税等の額を計上した場合において，決算時に雑損失などの費用に計上した金額のうち期末にその取引に係る資産が残存しているときは，税務調整が必要となります。

解 説

1．仕入税額控除の適用がない金額につき，会計上で仮払消費税等を計上した場合

インボイス制度導入後は，適格請求書発行事業者以外の者からの課税仕入れについては，税務上，仮払消費税等の額はないこととされ，その金額を取引の対価の額に算入して法人税の所得計算を行います。

一方で，会計上においては消費税等の影響を損益計算から排除する目的や，会計ソフトがインボイス制度に対応していない等の理由で，適格請求書発行事業者以外の者からの課税仕入れについて，インボイス制度導入前と同様に，支払対価の額に10/110（または8/108）を乗じて算出した金額を，仮払消費税等の額として経理し，決算時において雑損失などの費用に振り替える処理も考えられます。

このような経理を行った場合において，期末にその取引に係る資産が残存しているときは，会計上と税務上との間で資産の取得価額に差異が生じることになるため，法人税の申告において税務調整が必要となります。

2．申告調整が必要な場合

具体例 1

適格請求書発行事業者以外の者から商品 3 個（材料）を仕入れ，その対価として33万円（@11万円）を支払い，期末においてこのうち 1 個が在庫として残っていた場合（経過措置の適用なし）

会計処理

(仕入時)

(借)	仕　　　　入	300,000円	(貸)	現　預　金	330,000円
	仮払消費税等	30,000円			

(決算時)

(借)	商　　　　品	100,000円	(貸)	仕　　　　入	100,000円
	雑　損　失	30,000円		仮払消費税等	30,000円

税務調整

(別表四　所得の金額の計算に関する明細書)

区分		総額	処分	
			留保	社外流出
加算	雑損失の過大計上	10,000円	10,000円	

(別表五(一)　I　利益積立金額の計算に関する明細書)

区分	期首現在利益積立金額	当期の増減		差引翌期首現在利益積立金額
		減	増	
商品			10,000円	10,000円

具体例1では，会計上において商品の仕入れ時に仕入税額控除の適用のない金額（3万円）を仮払消費税等の額として商品の取得価額（30万円）と区分して経理していますが，税務上は仮払消費税等の額はないことになりますので，この金額（3万円）は商品の取得価額に算入することになります。

そして，会計上においては決算時に仮払消費税等の額として経理した金額（3万円）を雑損失として経理していますが，この雑損失の金額は税務上は商品の取得価額に算入すべき金額です。したがって，期中に販売した商品（2個）に係る部分の金額（2万円）は売上原価としてその事業年度の損金の額に算入されますが，期末に在庫として残った商品（1個）に係る部分の金額（1万円）は損金の額に算入されず，商品の取得価額に算入すべき金額となりますので，加算調整を行います。

具体例 2

適格請求書発行事業者以外の者から期首に店舗用の建物を購入し，その対価として2,200万円を支払い，期末において耐用年数20年で定額法により減価償却を行った場合（経過措置の適用なし）

会計処理

（購入時）

（借）	建　　　物	20,000,000円	（貸）	現　預　金	22,000,000円
	仮払消費税等	2,000,000円			

（決算時）

（借）	減価償却費	1,000,000円	（貸）	建　　　物	1,000,000円
	雑　損　失	2,000,000円		仮払消費税等	2,000,000円

税務調整

（別表四　所得の金額の計算に関する明細書）

区分		総額	処分	
			留保	社外流出
加算	減価償却超過額	1,900,000円	1,900,000円	

（別表五(一)　Ⅰ　利益積立金額の計算に関する明細書）

区分	期首現在 利益積立金額	当期の増減		差引翌期首現在 利益積立金額
		減	増	
減価償却超過額			1,900,000円	1,900,000円

具体例２では，会計上において建物の購入時に仕入税額控除の適用のない金額（200万円）を仮払消費税等の額として建物の取得価額（2,000万円）と区分して経理していますが，税務上は仮払消費税等の額はないことになりますので，この金額（200万円）は建物の取得価額に算入することになります。

そして，会計上においては決算時に仮払消費税等の額として経理した金額（200万円）を雑損失として経理していますが，この雑損失の金額は税務上は建物の取得価額に算入すべき金額であるとともに，損金経理を行った場合には「償却費として損金経理をした金額」として取り扱います。したがって，建物の減価償却限度額を超える金額は減価償却超過額（190万円[※]）として加算調整を行います。

（※）　建物の減価償却超過額の計算

①　償却限度額：（2,000万円＋200万円）× 0.05（20年：定額法）＝ 110万円

②　償却超過額：（100万円＋200万円）－ ① ＝ 190万円

§9 電子インボイスへの対応

インボイス（適格請求書）が，紙の請求書としてではなく，電子データとして送られてきた場合，どうしたらよいでしょうか。例えば，身近なケースとして，インボイスのPDFデータがEメール添付で送られてくる場合や，Web上のサイトからPDFの状態のインボイスをダウンロードして入手する場合など，あまり意識しないままに，電子データとしてのインボイスを受け取る機会が発生しているかもしれません。請求書や領収書のやり取りを電子データの授受として行う方法はごく普通の取引として浸透してきており，また，それらの取引は企業規模の大小を問わず，あらゆる場合で発生していることが考えられます。

このようにインボイスを電子化されたデータでやり取りする場合（いわゆる電子インボイスとして授受を行う場合）については，電子データ特有の取扱いとして，電子帳簿保存法に準じた方法により保存が必要になるなど，紙（書面）でやり取りする場合とは異なる対応が必要になります。

本章では，電子インボイスを授受（発行もしくは受領）する場合の取扱いを，令和５年度税制改正を踏まえて主に電子帳簿保存法との関係から整理します。

1 電子インボイスとは

これまで，仕入税額控除を受けるためには「書面」の請求書等により交付を受けてこれを保存することが前提でしたが，令和５年10月のインボイス制度の開始とともに，インボイスを書面に代えて電子データでやり取りし，これを電子データとして保存することが消費税法上も正式に認められるようになりました。

この紙（書面）に代えて，電子データでやり取りするインボイスを電子インボイスといいます。

消費税法上に「電子インボイス」という用語そのものは出てきませんが，国税庁のホームページなどでは，「適格請求書に係る電磁的記録（電子データ）」のことを電子インボイスとして紹介しています。

2 電子インボイスの提供方法

インボイスを電子データとしてやり取りする場合の「電子データ（電磁的記録）」は，電子帳簿保存法に定める電子データの定義と同じとなっています。手書きのインボイスをスキャンしてPDFやJPEGなどの画像データにしたものや，Excelなどで作成した請求書データ，EDI取引等で使用される個々の受発注データの集合体などであっても広く電子データに該当します。

そして，この電子データを提供する方法としては，例えば下記のような方法が挙げられています（インボイス通達３－２，インボイスQ&A問32参照）

(1) いわゆるEDI取引を通じた提供
(2) 電子メールによる提供
(3) インターネット上のサイトを通じた提供
※CD-ROMなどの記録用媒体による提供も含みます。

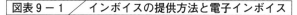

図表9－1　インボイスの提供方法と電子インボイス

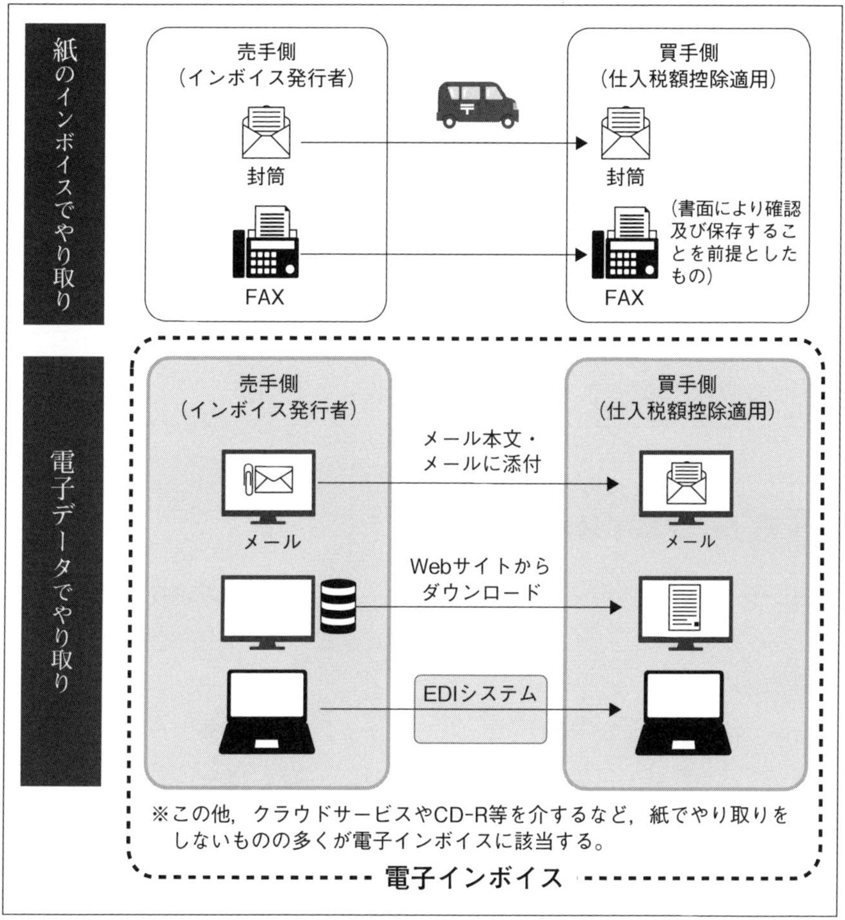

3　電子インボイスの記載事項

電子インボイスにおいても，紙のインボイスにおいても，記載事項は同じであり，下記に掲げる「適格請求書に係る記載事項」を備えている必要があります（インボイスQ&A問62参照）。

① 電磁的記録を提供する適格請求書発行事業者の氏名又は名称及び登録番号 ② 課税資産の譲渡等を行った年月日 ③ 課税資産の譲渡等に係る資産又は役務の内容（課税資産の譲渡等が軽減対象資産の譲渡等である場合には，資産の内容及び軽減対象資産の譲渡等である旨） ④ 課税資産の譲渡等の税抜価額又は税込価額を税率ごとに区分して合計した金額及び適用税率 ⑤ 税率ごとに区分した消費税額等 ⑥ 電磁的記録の提供を受ける事業者の氏名又は名称

4 電子インボイスの保存

電子インボイスを保存するにあたっては，上記**3**の適格請求書の記載事項を備えたうえで，電子データとして電子帳簿保存法に従った保存が必要となります（消法57の4⑥，消令50①）。

なお，消費税法上の容認規定として，電子インボイスを紙に出力して保存する方法も認められています（消規26の8①②，5の5①②）。これは，その保

図表9－2 ／ 消費税法が規定する電子インボイスの保存方法

原則となる保存方法	電子帳簿保存法に従った保存が必要。
容認される保存方法	プリントアウトした紙（書面）による保存（消費税法独自の規定）。 ただし，青色申告法人等については，こちらの方法では青色申告の承認の取消原因となりうる。 【参考】電子帳簿保存法一問一答【電子取引関係】問66

（参考） • 電子インボイスの提供者の保存要件（インボイスQ&A問79）
• 電子インボイスの受領者の保存要件（インボイスQ&A問100）

存の有無が税額計算に影響を及ぼすことなどを勘案して消費税法独自の規定として認められているものです。ただし，青色申告法人等の場合，単に紙出力するのみの対応では青色申告の承認の取消原因となりうるので，通常は電子帳簿保存法に従った保存によることとなります。

(1)　電子帳簿保存法に従った保存要件により保存する場合

①　電子帳簿保存法に定める保存要件の具体的内容

電子帳簿保存法は，原則として電子取引データについて，次の４つの保存要件（㋑システムの概要書等の備付け，㋺PC，ディスプレイ等の備付け，㋩検索機能の確保（検索要件），㊁改ざん防止措置）を満たすことを求めています。これらは，大きくは２つのグループに分類でき，可視性要件（㋑㋺㋩）と改ざん防止措置（㊁）に分けられます。前者は税務調査時に速やかに電子データの内容を表示・出力ができるように，後者は電子データの編集・削除などがされていないことを担保するための仕組みとなっています。

これら４つの要件をすべて満たすことで，提供または受領した電子データをそのまま電子データとして保存することができます。紙による保存や出力が不要となるため，電子インボイスにつきペーパーレスを目指す事業者は，これらすべての要件を満たすことが必要となります。

図表９－３　保存要件の全体像

Ⅰ　可視性要件（下記すべてを満たす）	＋	Ⅱ　改ざん防止措置（真実性の要件）
㋑システムの概要書等の備付け ㋺PC・ディスプレイ等の備付け ㋩検索機能の確保（検索要件）		㊁改ざん防止措置（次の４つの中からいずれか１つ） a．タイムスタンプを付して授受 b．授受後速やかにタイムスタンプを付す c．訂正削除履歴が残る，または訂正削除ができないシステムの利用 d．訂正削除の防止に関する事務処理規程の備付け

各要件の詳細は次のとおりです。

【電子帳簿保存法が求める保存要件（図表9－3㋑～㋥）の詳細】（電帳規4①）

㋑　システムの概要書等の備付け
㋺　PC・ディスプレイ等の備付け PC，プログラム，ディスプレイ及びプリンタ，これらの操作説明書を備え付け，ディスプレイの画面及び書面に，整然とした形式及び明瞭な状態で，速やかに出力できること。
㋩　検索機能の確保（検索要件） a　取引年月日，取引金額，取引先を条件に検索ができること b　日付または金額の範囲を指定して検索できること c　二以上の項目を組み合わせて検索できること ※　税務職員のダウンロードの求めに応じることができるようにしている場合はｂ・ｃの要件は不要となります。
㋥　改ざん防止措置（次の４つの中からいずれか１つ） a．タイムスタンプが付与されたデータを授受 タイムスタンプが付された電子インボイスを受領すること （受領した者がタイムスタンプを付す必要はありません） b．授受後にタイムスタンプを付与 次に掲げる方法のいずれかにより，タイムスタンプを付すこと • 電子インボイスの提供または受領後，速やかにタイムスタンプを付すこと • 電子インボイスの提供または受領からタイムスタンプを付すまでの各事務の処理に関する規程を定めている場合において，その業務の処理に係る通常の期間を経過した後，速やかにタイムスタンプを付すこと c．データの訂正削除を行った場合にその記録が残るシステムまたは訂正削除ができないシステムを利用

電子インボイスの記録事項について，次のいずれかの要件を満たす電子計算機処理システムを使用して電子インボイスの受領及びその電子データを保存すること（電帳規４①三）。

- 訂正または削除を行った場合には，その事実及び内容を確認することができること
- 訂正または削除することができないこと

d．訂正削除の防止に関する事務処理規程を策定，運用，備付け

電子インボイスの記録事項について正当な理由がない訂正及び削除の防止に関する事務処理の規程を定め，その規程に沿った運用を行い，その電子データの保存に併せてその規程の備付けを行うこと

※　下線部の規程については，国税庁HPにひな形が示されています。

なお，要件のうち㊁の検索機能の確保（検索要件）の充足については，実務上も困難とされ，対応に悩まれる事業者が多いという状況です。そのため，令和５年度税制改正では，要件充足が間に合わない事業者などに配慮し，要件を満たせない電子データの保存であっても，紙出力への対応を条件に認めるなど，いくつかの緩和策を用意しています（後述）。

②　検索要件が緩和される場合

４つの要件のうち検索要件を満たせない場合には，その事業者の状況に応じて次の㋐または㋑の緩和した要件を満たすことでも電子帳簿保存法に従った保存として認められます。ただし，いずれについても，要件は満たせないまでも電子データそのものの保存が必要とされている点については留意が必要です。

また，いずれの場合も，税務署への届出は不要です。

㋐　売上高5,000万円以下の事業者である場合

判定期間(注)における売上高が5,000万円以下である事業者については，検索機能の確保が不要となります。ただし，税務職員のダウンロードの求めに応じることができることが必要となります。

（注） 判定期間とは，個人事業者については電子取引の行われた日の属する年の前々年（1/1～12/31），法人については同日の属する事業年度の前々事業年度を指します。

㋑ 検索要件を満たせない場合（売上高にかかわらず適用可）

改ざん防止措置等は満たしているものの，検索機能の確保のみ満たせないという場合には，税務調査において，出力した書面（整然とした形式及び明瞭な状態で出力され，取引年月日その他の日付及び取引先ごとに整理されたもの）の提示もしくは提出の要求に応じることができるようにしていること，かつ，電子データの提示等の要求に応じることができるようにしていることにより，検索要件は免除されます。

③ 保存要件を満たせないことにつき「相当の理由」がある場合

要件が満たせないことにつき，システムの準備が間に合わない等の相当の理由があると認められる場合には，検索機能の確保や改ざん防止措置などの要件充足は免除されます。税務署への届出は不要です。

ただし，税務調査において，電子データ及び出力書面（整然とした形式及び明瞭な状態で出力されたものに限ります）の提示もしくは提出の要求に応じることができるようにしておく必要があります。

なお，「相当の理由」については，資金不足・人手不足など広範囲に考慮されますが，単に経営者の信条のみに基づく理由である等，何ら理由がなく保存要件に従った電子データの保存を行わない場合にはこの規定は適用されません（電子帳簿保存法取扱通達解説（趣旨説明）7－12）。

上記を一覧にしたものが**図表9－4**です。

図表9－4　要件が緩和される場合の整理

要件	②㋐売上高5,000万円以下の事業者	②㋑検索要件を満たせない事業者	③「相当の理由」がある事業者	①(すべて充足の場合)
システムの概要書等の備付け	要	要	(要)	要
PC・ディスプレイ等の備付け	要	要	(要)	要
検索機能の確保	不要	不要	不要	要
改ざん防止措置	要	要	不要	要
ダウンロード要求への対応	要	要	要	—
書面出力による対応	不要	要(※2)	要(※1)	—

（※１）　整然明瞭な状態で出力されたもの。
（※２）　整然明瞭な状態で出力され，取引年月日その他の日付及び取引先ごとに整理されたもの。

(2)　出力した書面により保存する場合（消費税法独自の容認規定）

消費税法上は，電子帳簿保存法とは異なり，電子データを保存することなく，書面（紙）に出力して保存する方法が認められています。この場合，整然とした形式及び明瞭な状態で出力する必要があります（消規15の５②）。これにより仕入税額控除等の保存要件を満たすことができます。ただし，法人税法や所得税法上の青色申告法人等については，単純に紙に出力して保存する方法では仕入税額控除は受けられるにしても青色申告の要件を満たせない可能性も出てくるため，上記(1)のいずれかの方法により電子帳簿保存法に従った形で対応しておくことが必要になるものと思われます。

5　電子インボイスの形態とDXの推進

昨今，インボイス制度の開始に向けて，社内業務を効率化しDXを推進するために電子インボイスの導入を検討する動きが強まっています。しかし，電子インボイスと一口に言っても，単にインボイスを画像化したものを授受するものから，EDIによる取引データの授受までさまざまな形態があります。電子インボイスの導入に合わせて，社内のDXの推進を目指す場合には，授受する電子インボイスのデータをDXの推進に活かすことができる形態に近付ける必要があります。

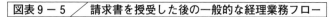

図表９－５ ／請求書を授受した後の一般的な経理業務フロー

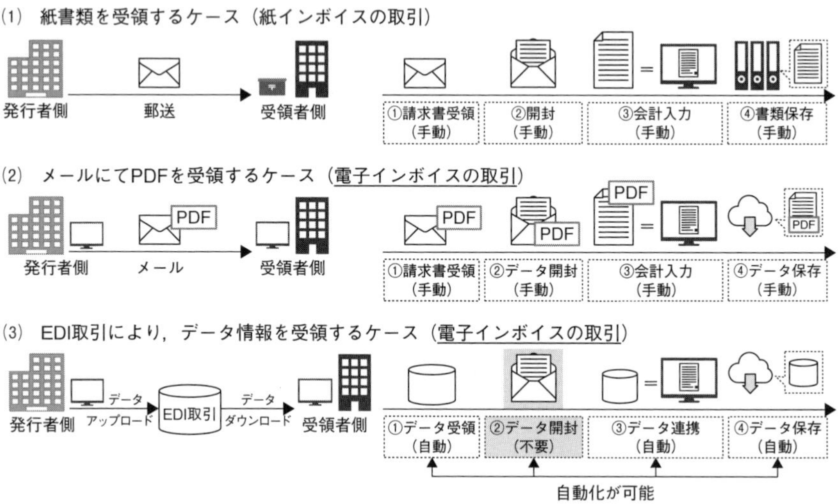

上図は，請求書受領後の経理業務フローを簡易的に示した図となります。(2)及び(3)については，電子データによるインボイスの取引となりますが，(2)に関しては，紙インボイスを取引したケース（(1)のケース）とほとんど業務フローは変わっておらず，DXの推進が達成できているとは言い難い状態です。

一方，(3)については，EDIデータとして受領後に活用できるデータを受領していることから，当該受領したデータ情報を生かして，会計等に自動的に連携することが可能となります。このように，電子インボイスにもさまざまな形態があり，社内業務の効率化に与える影響は異なるため，例えば，単に郵送物の処理の手間が省ければよいのか，それともインボイスの受け取りから会計データまでを連動させて自動処理を行うのかなど，電子化により享受できるメリットを具体的に意識しながら電子インボイスの導入を検討することも大切です。

§10 電子インボイスに関するQ&A

Q1 電子インボイス保存における法人税と消費税の要件の違い

Q	電子取引で授受したデータ（電子インボイス）の保存について，法人税法（及び所得税法）と消費税法で取扱いの違いはありますか。
A	•法人税（及び所得税）の保存義務者については，電子取引データの保存について，相当の理由があるなどの一定の場合を除き，書面等に出力して保存する措置が廃止されます。 •一方，消費税の保存義務者は，電子取引データを書面に出力することにより保存することが認められています。

解説

1．電子取引データの保存に関する改正

令和３年度税制改正により，法人税（及び所得税）の保存義務者(注)においては，令和４年１月１日以後行う電子取引に係るデータにつき，書面等に出力して保存する措置（以下「書面出力保存の代替措置」といいます）が廃止され，電子帳簿保存法の一定の要件を満たしたうえで保存しなければならないこととされました。

（注）　国税に関する法律の規定により国税関係帳簿書類の保存をしなければならな

いこととされている者をいいます（電子帳簿保存法２四）。

ただし，令和４年度税制改正によって，上記の書面出力保存の代替措置について２年間の宥恕措置が整備されたため，事実上は令和６年１月１日以後行う電子取引データが電子帳簿保存法に基づく保存の対象となります。

2．消費税法における電子取引データの保存に関する取扱い

一方で，消費税の保存義務者が行う電子取引については，そのデータの保存の有無が税額計算に影響を及ぼすことなどを勘案して，これまでと同様に書面出力保存の代替措置が認められています。

Q2 Peppolとは

Q	デジタルインボイス推進協議会で議論されている「Peppol（ペポル）」について教えてください。
A	• Peppolとは，請求書（インボイス）などの電子文書をネットワーク上でやり取りするためのグローバルな標準仕様のことをいいます。 • 消費税のインボイス制度への移行を見据え，関係省庁が連携してPeppol普及の取組みを実施しています。

解 説

1．電子（デジタル）インボイスの普及に向けた取組み

令和５年10月からの適格請求書等保存方式（インボイス制度）の導入を見据え，事業者の事務負担を軽減することを目的に，官民が連携して請求に係るデジタルな仕組み（電子インボイス）の確立を目指して活動しています。

図表10－１のとおり，さまざまな計画の中で請求書のデジタル化に関する問題提起が行われており，デジタル社会の実現に向けた議論・取組みが実施され

てきました。

図表10－1　主な取組みの変遷

No.	項　　目	計画名称	閣議決定
1	請求書のデジタル化の必要性認識	世界最先端デジタル国家創造宣言・官民データ活用推進基本計画	R 2 / 7 /17
2	「電子インボイス推進協議会」設立	—	R 2 / 7 月
3	標準仕様の合意	デジタル・ガバメント実行計画	R 2 /12/15
4	標準仕様を策定	デジタル社会の実現に向けた重点計画	R 3 / 6 /18
5	デジタル庁発足 Japan Peppol Authority発足	—	R 3 / 9 月
6	標準化された電子インボイスの普及	デジタル社会の実現に向けた重点計画	R 3 /12/24

「電子インボイス推進協議会」は，民間の会計ソフトベンダを中心に設立された組織であり，Peppol形式の電子インボイスの標準仕様化に向けて取組みを行っています。

2．Peppolに期待される効果

Peppolをベースとしたデジタルインボイスを採用することにより，以下に掲げる点について効果が期待できます。

(1)　事務負担の軽減

電子インボイスの標準化が実現することにより，会計システムベンダ等は，標準化された請求書情報を取り込むことができる製品を開発することが想定され，結果として，請求書の情報が自動的に会計ソフトに連携することが期待されます。これにより，バックオフィス業務の大幅な改善が見込まれます。

⑵ 低廉な対応コスト

既存の会計ソフト利用料の範囲で利用が可能であることが想定されるため，導入のハードルは低いものと考えられます。

⑶ 請求代金の迅速な回収

電子インボイス推進協議会には，全銀協（全国銀行協同組合）も所属しており，請求データと支払データの連携についても議論がされており，請求・振込処理プロセスの自動化による迅速な代金決済が期待できます。

3．Peppol導入による実務対応

Peppolでやり取りする際は，売手のアクセスポイント（C2）と買手のアクセスポイント（C3）の間で，Peppolの標準仕様に沿ったインボイスデータがやり取りされることとなります（取引イメージは**図表10－2**参照）。

これにより，紙書類を授受して，書類に記載された情報を会計ソフトへ手で入力するという業務が，データの授受及び授受したデータの利活用を通じて，経理業務の大幅な削減と，入力ミスの防止が期待されます。

なお，Peppolの仕組みは，いわゆる「4コーナー」モデルが採用されています。これは，ユーザー（売手）（C1）は，自らのアクセスポイント（C2）を通

図表10－2　Peppolネットワークを使った取引のイメージ

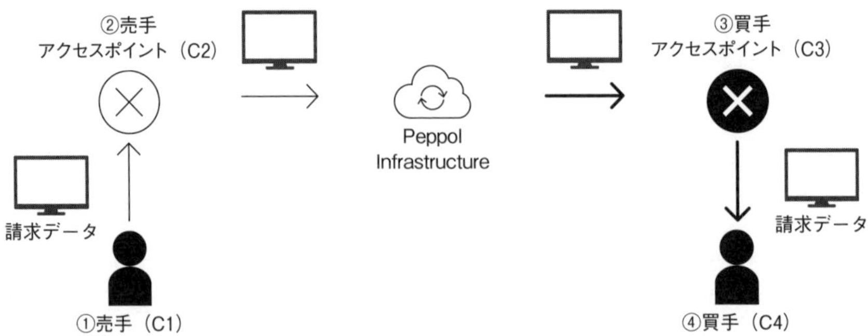

（出典：デジタル庁HP：https://www.digital.go.jp/policies/electronic_invoice_faq_02/）

じ，Peppolネットワークに接続し，買手のアクセスポイント（C3）にインボイスデータセットを送信し，それが買手（C4）に届く仕組みです。

そのうえで，売手（C1）や買手（C4）が利用するシステム側でそのインボイスデータが自動処理されることとなりますので，事業者としては，会計ソフトやEDIシステム等を選定する際に，当該製品がPeppolに対応しているか否かを確認することも重要な視点となります。

Q3 クレジット明細データは適格請求書といえるか

Q	コーポレートカードを利用して経費精算をしていますが，クレジットの明細データを保存することで，適格請求書等の保存要件を満たすのでしょうか。
A	• クレジットの明細データに，取引先，取引金額，取引日に関する情報のみしか掲載されていない場合には，適格請求書等の保存要件を満たしません。

解 説

1．クレジットの明細データへの記載項目

一般的に，クレジットの明細データには，取引先，取引金額，取引日に関する情報のみしか掲載されておらず，消費税の税率や取引の内容に関する情報が記載されていないことから，適格請求書に記載すべき事項が網羅されていないため，クレジットの明細データを保存するのみでは，仕入税額控除を行うことはできません。

2．クレジットカード決済の実務

(1) クレジットカード決済の流れ

クレジットカード決済を行う場合には，以下の流れで取引情報の授受が行われます。

① 当社：クレジットカード決済

② カード加盟店：カード事業者へカード利用状況の連携

③ カード事業者：当社へクレジットカード明細送付

図表10－3 ／クレジットカード決済の流れ

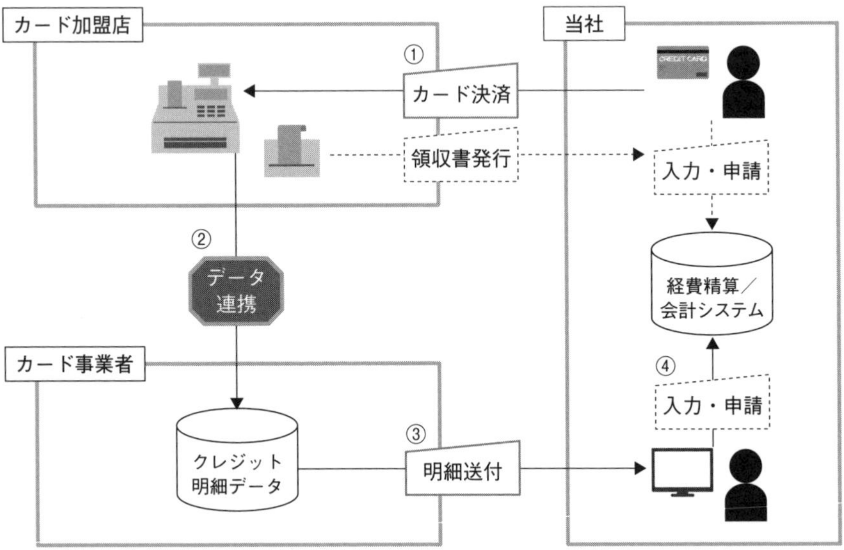

③で受領するクレジットカード明細の一般的な記載項目は下記のとおりであり，適格請求書等に記載されるべき事項は網羅されていません。

図表10－4 ／クレジットカード明細（例）

ご利用日	ご利用先など	ご利用明細		今回のお支払明細			摘要	備考
		ご利用金額（円）	支払区分	今回回数	訂正サイン	お支払金額（円）		
[redacted]			様					
《ショッピング取組（国内）》								
2022/08/21	[redacted]	1,200	1個			1,200		＊
2022/08/31		508	1個			508		＊
2022/09/04		3,900	1個			3,900		＊
2022/09/05		500	1個			500		＊
2022/09/11		3,080	1個			3,080		＊
2022/09/12		1,650	1個			1,650		＊2
◆お支払小計						10,838		＊2

(2) クレジットカード決済の実務対応

インボイス制度開始前においては，取引金額が30,000円未満の場合，請求書等の保存義務が生じないことから，クレジットカードの明細情報のみをもって，経理業務を行っているケースもあったのではないかと思われます。ただし，インボイス制度開始後は，請求書等の保存が不要となるケースは，取引金額ではなく，取引の内容によって限定列挙されているため，クレジットカードを利用した際に領収書を受領し，当該領収書をもって，経理業務（会計入力・書類保存）を行うことが必要となります。

Q4　電子インボイスの利用に相手方の承諾は必要か

Q	適格請求書等を電子データとして提供することにつき，事前に買手側の承諾は必要ですか。
A	• 事前に買手側の承諾を得る必要はありません。

解　説

インボイス制度創設当初は，電子インボイスの交付には相手方の承諾が必要とされていましたが，平成30年度税制改正において書面保存が認められるようになったことを受け，電子インボイスにより交付することについて，事前に買手側の承諾を得ることは不要となりました。

Q5　スマホアプリによる決済

Q	会社の経費についてスマホアプリによる決済を行いましたが，留意すべきことはありますか。

A	・スマホアプリの利用により，アプリ提供事業者から利用明細をデータで受領した場合には，電子取引に該当します。 ・データで受領した利用明細をもって仕入税額控除の適用を受けるためには，適格請求書等として必要な事項を満たすデータ（電子インボイス）の保存が必要です。

解説

1．スマホアプリの利用について

昨今の経済社会のデジタル化により，スマホアプリの利用によって仕入れや経費の精算を行うことも増えてきています。

スマホアプリの利用により受領した明細データには，通常，支払日時，支払先，支払金額等が記載されているため，電子帳簿保存法の要件を充足した形で，当該データを保存する必要があります。

なお，当該データを書面に印刷して保存することは消費税法上認められていますが，書面に出力せず，受領した電子の明細データにより仕入税額控除を適用するためには，支払日時，支払先，支払金額などの電子帳簿保存法上の検索項目だけでなく，適格請求書等として記載すべき事項についても保存しなければなりません。

2．従業員の経費の立替精算も対象

スマホアプリによる決済は，従業員が会社の経費を立て替えた場面などに多く生じることが想定されます。従業員が支払先から電子データにより領収書等を受領する行為についても，その行為が会社の行為として行われる場合には，会社としての電子取引に該当します。

したがって，会社としては，従業員のスマホに届いた電子データを集約して保存し，管理することが望まれ，従業員が受領した電子データをもって仕入税額控除の適用を受けるためには，適格請求書等として必要な事項を満たすデータ（電子インボイス）を会社が保存する必要があります。

Q6 令和５年度の電子帳簿保存法改正

Q	令和５年度の電子帳簿保存法の改正により，電子インボイスの保存要件はどのように変わったのでしょうか。
A	• 検索機能のすべてを不要とする対象者の範囲が見直されます。 • 保存要件を充足できないことについて「相当の理由」がある事業者への対応として，猶予措置が整備されています。 • これらの措置は，令和６年１月１日以後に行う電子インボイスの取引から適用されます。

解 説

１．電子帳簿保存法改正の背景

⑴ 令和３年度及び令和４年度の改正内容

令和３年度の電子帳簿保存法改正により，電子データで授受した請求書等については，書面出力による保存方法は認められず，検索要件等を充足したうえで，電子的に保存することとされました。しかし，要件を満たすためのシステム導入や社内体制の構築が間に合わないという声に配慮し，令和４年度税制改正において，電子データを紙に出力して保存することを容認する旨の宥恕措置（令和４年１月１日から令和５年12月31日までの２年間）が整備されました。

⑵ 令和５年度の改正内容

令和４年度改正により２年間の猶予措置が整備されたものの，依然として実務界からは「要件の充足が困難である」との否定的な声が上がっており，こうした状況を踏まえて，新たな猶予措置を本則に規定する整備が行われました。

なお，新たな猶予措置は，令和６年１月１日以後に行う電子取引の取引データについて適用されます。

2．改正の内容

(1)　検索機能のすべてを不要とする対象者の範囲の見直し

電子帳簿保存法における検索要件（検索機能の確保）では，原則として以下を満たすことが求められます。

①　取引年月日，取引金額，取引先を条件に検索できること

②　日付または金額の範囲を指定して検索できること

③　２以上の項目を組み合わせて検索できること

令和５年度の改正により，令和６年１月１日以降は，税務職員からのダウンロードの求めに応じることができるようにしている以下の保存義務者については，検索要件のすべてが不要となります。

イ　判定期間の売上高が5,000万円以下（現行：1,000万円以下）である保存義務者

ロ　電子データの出力書面（整然明瞭かつ日付・取引先ごとに整理されたものに限る）の提示または提出に応じることができるようにしている保存義務者

(2)　「相当の理由」がある事業者への猶予措置

「相当の理由」がある事業者に関しては，改ざん防止措置や検索要件等の充足状況にかかわらず，電子取引データをデータのまま保存できる新たな猶予措置が整備されました（**図表10－５**参照）。

図表10－５　／　２年間の宥恕措置と新たな猶予措置の比較

	改正前	改正後
位置付け	２年間の猶予措置	新たな猶予措置
時期	2022（令和４）年１月１日～ 2023（令和５）年12月31日	2024（令和６）年１月１日
保存方法	原則：検索要件等を満たして電子データ保存	原則：検索要件等(※)を満たして電子データ保存
	容認：紙出力保存	容認：電子データを保存したうえで紙出力保存 （電子データについて、検索要件等(※)は不要）
猶予措置適用の要件	①税務署長が「やむを得ない事情」があると認める場合 ②書面の提示・提出の要求に応じる場合	①税務署長が「相当の理由」があると認める場合 ②書面の提示・提出及びデータのダウンロードの要求に応じる場合
事前手続	不要	不要

（※）　検索要件等の詳細な要件については，§9の**4**(1)を参照。

当該猶予措置が整備されたことにより，保存する電子インボイスについては検索要件等の充足が不要となるため，実務上の負担は大きく軽減することが想定されます。

ただし，税務職員の要求に応じて，保存されたデータをダウンロードして提出することが求められることから，一定の規則性をもってデータとして保存しておくことが必要となる点については留意が必要です。

３．消費税法の観点

消費税法の取扱いについては，そのデータの保存の有無が税額計算に影響を及ぼすことなどを勘案して，令和６年１日１日以後も，これまでと同様に書面出力保存の代替措置が認められています。

Q7 猶予措置の適用を受ける場合の電子データの保存方法

Q	令和５年度の電子帳簿保存法改正により，新たな猶予措置が整備され，電子帳簿保存法上も令和６年１月１日以後書面に出力して保存する方法が認められると聞きました。猶予措置の適用を受けるにあたり，最低限どのような方法でデータを保存することが求められるのでしょうか。
A	• 新たな猶予措置の適用を受けるためには，税務職員からのデータのダウンロード要求に応じることが求められます。 • ダウンロード要求に応じて電子取引データを速やかに提供するためには，データを整理して保存しておくことが求められます。 • 電子データを整理して保存するにあたっては，必ずしも取引日付，取引相手先，取引金額の項目を網羅的に管理する必要はありません。

解 説

1．検索要件（検索機能の確保）（原則的な取扱い）

電子帳簿保存法における検索要件では，原則として以下を満たすことが求められます。

(1) 取引年月日，取引金額，取引先を条件に検索できること

(2) 日付または金額の範囲を指定して検索できること

(3) ２以上の項目を組み合わせて検索できること

なお，税務職員のダウンロードの求めに応じることができるようにしている場合は(2)(3)の要件は不要です。

2．相当の理由がある場合の実務対応

猶予措置の適用を受けるためには，要件を充足できないことについて「相当の理由」があることが前提となります。「相当の理由」に該当するものとして，例えば以下の項目が挙げられますが，こうした状況であれば，システム導入ができず，**1**に記載した原則的な検索機能を確保することは困難であることが想

定されます。

- システム導入が間に合わない
- システム導入の予算が足りない

原則的な検索機能を確保することが困難であった場合でも，税務職員のダウンロード要求に応じることは求められるため，電子データを整理して保存することについては検討しなければなりません。

その場合，例えば，**図表10－6**に示した方法等も考えられます。

図表10－6　受信したPDFを共通メールBoxへ転送する方法

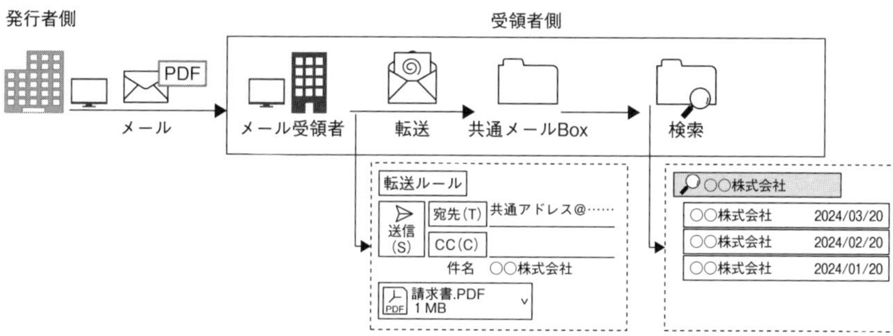

これは，PDFの請求書等が添付されたメールを受信したケースにおいて，社内で共通のメールアドレスを設定し，当該メールアドレス宛に受信メールを転送する方法です。転送の際に，件名に取引相手先の名称のみを記載することで，共通のメールBoxにおいて，取引相手先を検索することも可能となり，格納した日付順で並ぶため，簡易的にデータを整理することが可能です。

こうした方法以外にも，Excelで索引簿を作って管理することや，社内のクラウドサーバーにデータを保存するなどの方法も考えられます。細かい検索機能が求められなくなったことを活用し，会社単位や部門単位で実務に合った保存方法を検討することができると考えています。

Q8 「相当の理由」の意義

Q	令和５年度税制改正で，相当の理由がある事業者に対する猶予措置が整備されましたが，どのようなケースにおいて「相当の理由」があると認められるのでしょうか。
A	•「相当の理由」とは，事業者の実情に応じて判断するものですが，例えば，システム等や社内のワークフローの整備が間に合わなかった場合が該当します。 • 単に経営者の信条のみに基づく理由で対応しない場合には，この猶予措置の適用はありません。

解 説

「相当の理由」の意義

「相当の理由」は，電子取引データの保存要件を充足することが困難な事業者の実情に配意して設けられたものであることに鑑みて，以下のようなケースが対象となります。

(1) 保存要件に従って保存するためのシステムや社内のワークフローの整備が間に合わないケース

(2) 資金繰りや人出不足等の事情があり，事業者が保存要件に従ってデータを保存しないことを経営判断しているケース

ただし，システムやワークフローの整備が整っており，資金繰りや人材確保について問題がなく，単に経営者の信条のみに基づく理由である場合などについては，この猶予措置の適用はないことに留意する必要があります。

付録

インボイス制度 実務対応チェックリスト（課税事業者向け）

◆売手の立場における制度開始前チェックリスト

1．登録	
□	登録申請後，登録番号の通知を確認しましたか
□	国税庁の適格請求書発行事業者公表サイトで自己の登録を確認できますか
2．インボイスの交付対象となる売上取引の把握	
□	売上高として計上されている取引の内容を請求書の交付状況とともに把握できていますか
□	営業外収入として賃貸用建物（居住用を除く）や駐車場施設等の収入はありませんか
□	雑収入として処理する金額の中に事業者向けの課税売上げとなる収入は含まれていませんか
□	賃借物件の転貸による収入を費用の戻りとして経理処理するなど，消費税の売上げの認識ができていない取引はありませんか
3．様式変更の対象となる請求書等の交付状況の把握	
□	主要な請求書を基幹システム等で作成している場合，WordやExcel等でイレギュラーな請求書を作成している取引がないか確認していますか
□	主要な請求書をWordやExcel等により作成している場合，修正対象となる基本フォームのすべてを把握できていますか
□	請求書交付を行う部門や営業所が多数ある場合，請求書等の交付状況を網羅的に把握できていますか
□	定額取引，グループ内取引などにおいて請求書等の交付をせず帳簿上のみで売上計上している取引はありませんか
□	メール送付やプラットフォームからのダウンロードなど電子取引で交付する請求書等も把握できていますか
□	インボイスとして認識しようとする書類ごとに，その写しを保存する準備は整っていますか

4．交付するインボイスの様式変更	
□	登録番号を記載していますか
□	取引内容が消費税率10%の取引のみであっても「10%」という税率を記載していますか
□	税込価格だけでなく，税区分ごとの消費税額についても記載していますか
□	消費税の端数処理は，一請求書につき税率区分ごとに１回となっていますか
□	軽減税率の対象となる資産の譲渡等がある場合，その旨を記載していますか
□	請求書と納品書など複数の書類でインボイスとして認識する対応が必要となる場合，各書類間の関連性の紐付けができていますか
5．取引先との認識合わせ	
□	以下の①～④のケースにおいて，取引先との間で，インボイスとして認識する書類の認識合わせができていますか
	①　複数の書類（納品書，請求書，領収書など）を交付するケースにおいて一部の書類のみをインボイス様式に変更する場合
	②　複数の書類を交付するケースにおいて，２以上の書類の組み合わせによりインボイスとする場合
	③　請求書等を交付せず，インボイスとしての必要事項を記載した契約書と預金通帳への記載等をもって対応する場合
	④　既存の契約について登録番号など不足事項の通知をもって③の取扱いとする場合
6．取引先が負担すべき経費等の立替額を請求する取引がある場合	
□	立替金精算書の交付準備はできていますか
□	立替金精算書の記載事項を適切に記載できていますか
□	取引先に対して立替金に係る自己宛のインボイスを交付する方法と，立替金精算書のみを交付し自己宛のインボイスは自身で保存する方法のいずれとするか方針は決まっていますか
7．返品・値引き・売上割戻しが生じる取引がある場合	
□	返還インボイスの交付準備はできていますか（インボイスと返還インボイスを同一書類で交付する対応を含む）
□	返還インボイスの記載事項を適切に記載できていますか

□	返還インボイスの交付が省略できるケースを確認できていますか
8．簡易インボイスを交付する場合	
□	交付できる事業であることを確認していますか
□	簡易インボイスの記載事項を適切に記載できていますか
9．売上先が作成する仕入明細書をインボイスとする場合	
□	売上先が作成する仕入明細書がインボイスの記載事項を満たしていることについて確認していますか
10．既存の領収書等の様式は変更せず，相手から求められたときに手書き等でインボイスを交付する場合	
□	領収書等の交付対応者において，適切なインボイスを交付できる準備はできていますか
11．媒介者交付特例を適用する場合／委託者の場合	
□	商品の販売，請求書の交付事務または集金事務などを委託し，委託先（受託者）名義で販売先等にインボイスを交付する取引はありますか
□	受託者に自己が適格請求書発行事業者の登録を受けている旨を通知しましたか
□	受託者が適格請求書発行事業者であると確認しましたか
□	受託者から受託者が交付した適格請求書の写し，またはこれに代わる精算書等の書類の交付を受けることができますか
12．媒介者交付特例を適用する場合／受託者の場合	
□	商品の販売，請求書の交付事務または集金事務などの委託を受け，自己の名義で販売先等にインボイスを交付する取引はありますか
□	委託者から委託者が適格請求書発行事業者の登録を受けている旨の通知を受けましたか
□	委託者に自己が交付した適格請求書の写し，またはこれに代わる精算書等の書類の交付をする準備はできていますか
□	適格請求書発行事業者とそれ以外の事業者の販売等の委託を受け一の売上先に販売等する取引がある場合，適格請求書を区分して交付する準備はできていますか
13．自身が組合員である任意組合等においてインボイスの交付をする場合	
□	組合員はすべて適格請求書発行事業者として登録をしていますか

□	「任意組合等の組合員の全てが適格請求書発行事業者である旨の届出書」を提出しましたか
□	インボイスに任意組合等のいずれかの組合員の氏名または名称及び登録番号を記載していますか（複数の組合員の記載も可）
□	インボイスに任意組合等の名称を記載していますか
□	適格請求書発行事業者として登録をしていない者が新たな組合員として加入した場合，組合事業に係るインボイスが交付できなくなることを把握していますか

◆買手の立場における制度開始前チェックリスト

1．会計システム・経理処理に係るチェック	
□	受領した請求書等がインボイス様式であることのチェックが行われる体制が整っていますか
□	仕入先が適格請求書発行事業者に該当するかどうかの情報管理を会計システム上で行い，その情報に基づき仕訳処理が行われる場合，仕入先の登録状況を定期的に確認する体制は整っていますか
□	適格請求書発行事業者以外の者からの課税仕入れについて経過措置（80%控除）が適用されるように，会計システム上，当該取引を区分処理できるようなアップデートはされていますか
□	会計システムで適格請求書発行事業者以外の者からの課税仕入れを区分処理できない場合，期中の集計方法や修正仕訳の方法について検討できていますか
□	税抜経理を行う場合の交際費の5,000円判定について，経過措置（80%控除）を考慮して判定する準備は整っていますか
□	税抜経理を行う場合の少額減価償却資産等の取得価額判定について，経過措置（80%控除）を考慮して判定する準備は整っていますか
□	通勤手当，出張旅費，旅費交通費等の支払いに係る仕入税額控除の適用について，インボイスの保存が必要なケースと帳簿のみの保存でよいケースを区別できていますか
□	帳簿のみの保存で仕入税額控除を適用する場合における帳簿への記載事項について，どのような記載とするか方針は決まっていますか

2．仕入先の登録状況に関するチェック	
□	仕入先における適格請求書発行事業者の登録状況を確認しましたか
□	仕入先から登録番号の情報を受領した場合，その番号が正しい番号であることについて国税庁の適格請求書発行事業者公表サイトで確認をしましたか
□	仕入先が適格請求書発行事業者として登録をしない場合の自己の事業への影響について，必要に応じて，営業部門や購買部門などの関係部署に周知し，制度開始後における取引条件の方針・仕入先へのアナウンス方法について，社内で情報共有ができていますか
□	登録する意向のない仕入先がある場合，インボイス制度開始後における自己の税負担への影響を具体的に確認し，取引条件の見直し等の対応について検討しましたか
□	登録する意向のない仕入先について取引条件の見直しを要請する場合，独占禁止法や下請法等の考え方を考慮していますか
□	新規仕入先との取引を開始する場合，相手方の登録状況の確認，登録の有無に応じた条件提示等を行う準備は整っていますか
3．適格請求書発行事業者である仕入先との取引に関するチェック	
□	仕入先から複数の書類（納品書，請求書，領収書等）を受領する取引がある場合，どの書類をインボイスとするかについて仕入先との間で認識合わせはできていますか
□	仕入先から複数の書類（納品書，請求書，領収書等）の交付を受け，その２以上の書類の組み合わせによりインボイスとする場合，どの部分の情報をインボイスとして把握するかについて，仕入先との間で認識合わせはできていますか
□	自己が作成する仕入明細書をインボイスとする取引がある場合，仕入明細書の様式について，仕入先との間で認識合わせはできていますか
□	口座振替など請求書等の交付のない取引がある場合，インボイスの交付を受けられるように仕入先に依頼できていますか
□	口座振替など請求書等の交付のない取引について，インボイスとしての必要事項を記載した契約書と預金通帳への記載等をもって対応することとしている場合，その対応方法について仕入先との間で認識合わせはできていますか
□	自己の売上げに係る売上先からの入金時に売上先が立て替えた諸経費が控除される取引がある場合，売上先に対し，当該立替金に係るインボイス及び立替金精算書の交付要請はできていますか

□	仕入債務の支払い時に振込手数料を控除する場合（振込手数料を仕入先の負担とする取決めがある場合），その手数料相当額をどのように処理するかについて，仕入先と認識合わせができていますか

◆電子インボイスに関するチェックリスト

□	インボイスを紙（書面）ではなく電子データ（メール本文・メール添付PDF，ダウンロードデータ，EDIシステム等）で授受しているものがないか確認しましたか
□	青色申告法人が電子インボイスを保存する場合には，電子帳簿保存法に従った保存が必要であることを確認しましたか
□	青色申告法人が電子帳簿保存法に従って保存する場合，相当の理由等により紙（書面）に出力して対応する場合であっても，電子データの保存が必要であることを確認しましたか

■執筆者一覧（五十音順）

天木　雪絵　　税理士　税のシンクタンク事業部

市川　祐介　　税理士　名古屋事務所シニアマネージャー

平井　伸央　　税理士　法人部パートナー

升田　幸子　　税理士　法人部マネージャー

三浦　康太　　国際部マネージャー

森口　直樹　　税理士・公認会計士　国際部部長

■編者紹介

税理士法人 山田＆パートナーズ

【沿革】

1981年４月	公認会計士・税理士　山田淳一郎事務所設立
1995年６月	公認会計士・税理士　山田淳一郎事務所を名称変更して山田＆パートナーズ会計事務所となる。
2002年４月	山田＆パートナーズ会計事務所を組織変更して税理士法人山田＆パートナーズとなる。
2005年１月	名古屋事務所開設
2007年１月	関西（現 大阪）事務所開設
2010年12月	福岡事務所開設
2012年６月	仙台事務所開設
2012年11月	札幌事務所開設
2014年１月	京都事務所開設
2014年11月	金沢事務所・静岡事務所・広島事務所開設
2015年11月	神戸事務所開設
2016年７月	横浜事務所開設
2016年10月	北関東事務所開設
2017年７月	盛岡事務所開設
2017年11月	新潟事務所開設
2018年４月	高松事務所開設
2019年７月	松山事務所開設
2020年７月	南九州事務所開設
2022年１月	長野事務所開設
2023年７月	鹿児島事務所開設

【業務概要】

法人対応，資産税対応で幅広いコンサルティングメニューを揃え，大型・複雑案件に多くの実績がある。法人対応では企業経営・財務戦略の提案に限らず，M&Aや企業組織再編アドバイザリーに強みを発揮する。また，個人の相続や事業承継対応も主軸業務の一つであり，相続税申告やその関連業務など一手に請け負う。このほか医療機関向けコンサルティング，国際税務コンサルティング，公益法人制度サポート業務にも専担部署が対応する。

【法人概要】

国内拠点

東京事務所　〒100-0005　東京都千代田区丸の内1-8-1
丸の内トラストタワーN館8階
札幌事務所　〒060-0001　北海道札幌市中央区北一条西4-2-2
札幌ノースプラザ8階
盛岡事務所　〒020-0045　岩手県盛岡市盛岡駅西通2-9-1　マリオス19階
仙台事務所　〒980-0021　宮城県仙台市青葉区中央1-2-3　仙台マークワン11階
北関東事務所　〒330-0854　埼玉県さいたま市大宮区桜木町1-7-5
ソニックシティビル15階
横浜事務所　〒220-0004　神奈川県横浜市西区北幸1-4-1　横浜天理ビル4階
新潟事務所　〒951-8068　新潟県新潟市中央区上大川前通七番町1230-7
ストークビル鏡橋10階
長野事務所　〒380-0823　長野県長野市南千歳1丁目12番地7　新正和ビル3階
金沢事務所　〒920-0856　石川県金沢市昭和町16-1　ヴィサージュ9階
静岡事務所　〒420-0853　静岡県静岡市葵区追手町1-6　日本生命静岡ビル5階
名古屋事務所　〒450-6641　愛知県名古屋市中村区名駅1-1-3　JRゲートタワー41階
京都事務所　〒600-8009　京都府京都市下京区四条通室町東入函谷鉾町101番地
アーバンネット四条烏丸ビル5階
大阪事務所　〒541-0044　大阪府大阪市中央区伏見町4-1-1
明治安田生命大阪御堂筋ビル12階
神戸事務所　〒650-0001　兵庫県神戸市中央区加納町4-2-1　神戸三宮阪急ビル14階
広島事務所　〒732-0057　広島県広島市東区二葉の里3丁目5-7
GRANODE（グラノード）広島6階
高松事務所　〒760-0025　香川県高松市古新町3番地1　東明ビル6階
松山事務所　〒790-0005　愛媛県松山市花園町3番21号
朝日生命松山南堀端ビル6階
福岡事務所　〒812-0011　福岡県福岡市博多区博多駅前1-13-1
九勧承天寺通りビル5階
南九州事務所　〒860-0047　熊本県熊本市西区春日3-15-60　JR熊本白川ビル5階
鹿児島事務所　〒892-0847　鹿児島市西千石町11-21　鹿児島MSビル5階

海外拠点

シンガポール　1 Scotts Road #21-09 Shaw Centre Singapore 228208
中国（上海）　亜瑪達商務諮詢（上海）有限公司　上海市静安区南京西路1515号
静安嘉里中心1座12階1206室
ベトナム（ハノイ）　26th floor West Tower, LOTTE CENTER HANOI, 54 Lieu

Giai, Cong Vi, Ba Dinh, Hanoi, Vietnam
アメリカ（ロサンゼルス） 1411 W. 190th Street, Suite 370, Gardena, CA 90248 USA

消費税インボイスの実務対応ガイドブック

2023年9月10日　第1版第1刷発行

編　者　税理士法人
　　　　山田&パートナーズ
発行者　山　本　　　継
発行所　㈱中央経済社
発売元　㈱中央経済グループ
　　　　パブリッシング
〒101-0051　東京都千代田区神田神保町1-35
電話　03（3293）3371（編集代表）
　　　03（3293）3381（営業代表）
https://www.chuokeizai.co.jp
印刷／昭和情報プロセス㈱
製本／㈲井上製本所

＊頁の「欠落」や「順序違い」などがありましたらお取り替えいたしますので発売元までご送付ください。（送料小社負担）

ISBN978-4-502-46851-3　C3034